Mandado de Segurança
— Da teoria à prática —

Roger Vieira Feichas

Especialista em Direito Público pela Faculdade Newton Paiva/MG. Professor titular de Processo Civil I da Faculdade de Direito de São Lourenço/MG. Ex-assessor de Magistrado do TJMG. Defensor público do Estado de Minas Gerais.

Sérgio Henrique Salvador

Especialista em Direito Previdenciário pela EPD/SP. Especialista em Processo Civil pela PUC/SP (COGEAE). Professor do IBEP/SP e associado do IBDP. Professor titular de TGP e Processo Civil da FEPI — Centro Universitário de Itajubá/MG. Professor da Pós-graduação do Curso Êxito. Sócio do Escritório de Advocacia Especializada Trabalhista & Previdenciária. Advogado em Minas Gerais.

Mandado de Segurança
— Da teoria à prática —

LTr

LTr
EDITORA LTDA.
© Todos os direitos reservados

Rua Jaguaribe, 571
CEP 01224-001
São Paulo, SP — Brasil
Fone (11) 2167-1101
www.ltr.com.br

LTr 5123.9
Setembro, 2014

Dados Internacionais de Catalogação na Publicação (CIP)
(Câmara Brasileira do Livro, SP, Brasil)

Feichas, Roger Vieira
    Mandado de segurança : da teoria à prática / Roger Vieira Feichas, Sérgio Henrique Salvador. — São Paulo : LTr, 2014.

    Bibliografia
    ISBN 978-85-361- 3077-4

    1. Mandado de segurança 2. Mandado de segurança — Brasil I. Salvador, Sérgio Henrique. II. Título.

14-08849   CDU-342.722(81)

Índices para catálogo sistemático:
  1. Brasil : Mandado de segurança : Direito   342.722(81)
  2. Mandado de segurança : Brasil : Direito   342.722(81)

Agradeço ao Senhor Deus por mais essa prazerosa surpresa dentre tantas outras; à minha amada e preciosa família, fonte do meu estímulo; ao Dr. Roger Vieira Feichas, um especial amigo, por ter aceitado esse desafio, e um agradecimento para a LTr Editora como também ao professor Elpídio, pelo irrestrito apoio nesta sonhadora empreitada. Obrigado!

Sérgio Henrique Salvador

O homem afirma existir quatro elementos essenciais à vida, indicando sê-los a água, a terra, o fogo e o ar. Parafraseando tal conceituação e elegendo os elementos imperiosos à realização do presente trabalho dedico-o, por primeiro, ao amor (ar), e o faço à minha esposa Camila, à minha família (terra) pelo exemplo de vida a ser seguido, à amizade (água), com destaque ao precioso amigo Dr. Sérgio Henrique Salvador pelo instigante convite, e ao trabalho (fogo), enaltecendo para tanto o meio acadêmico por viabilizar constante troca de informações e à Defensoria Pública por me permitir enquanto órgão de execução de primeira trincheira contatar-me com aflições jurídicas exigentes de soluções onde aparentemente não há, proporcionando, assim, minha evolução enquanto profissional do direito e uma nova sensibilidade de enxergar o ser humano. E sem sombra de dúvidas ao mais importante: o Criador, a quem só tenho de agradecer.

Roger Vieira Feichas

SUMÁRIO

Prefácio 13

Apresentação 17

Introdução 21

1. O Mandado de Segurança

1.1. Origem e evolução histórica 23

1.2. Evolução constitucional e legislativa 25

1.3. Análise conceitual 26

1.4. Natureza jurídica, espécies, cabimento e requisitos 28

1.5. Aspectos processuais 33

    1.5.1. Prazo para impetração e as peculiaridades das condutas ativas e passivas 33

    1.5.2. Sujeitos processuais 39

    1.5.3. Competência 44

    1.5.4. Inicial e notificação 47

  1.5.5. Liminar...49
    1.5.5.1. Recorribilidade da decisão 50
    1.5.5.2. Restrições ao poder de conceder a ordem liminarmente 51
    1.5.5.3. Inexistência de discricionariedade 53
    1.5.5.4. Perempção da tutela de urgência 55
    1.5.5.5. O condicionamento da liminar 56
    1.5.5.6. Eficácia temporal da liminar 57
    1.5.5.7. Prioridade de julgamento 59
    1.5.5.8. Aplicação das medidas de apoio 59
  1.5.6. Execução 61
  1.5.7. Recursos, efeitos e reexame necessário 63
  1.5.8. Coisa julgada 66

2. O Mandado de Segurança Coletivo

2.1. Introdução 67
2.2. Legitimidade ativa para a impetração 69
2.3. A natureza jurídica da legitimação ativa 70
2.4. A Legitimidade ativa dos partidos políticos 73
2.5. Organizações sindicais, entidades de classe e associações 74
2.6. Da legitimidade do ministério público e da defensoria pública 76
2.7. Direitos que podem ser objeto do Mandado de Segurança Coletivo....80
2.8. Coisa julgada e a litispendência 82
2.9. A liminar no Mandado de Segurança Coletivo 82

3. O Instituto da Suspensão da Segurança

3.1. Introdução 84

3.2. Evolução histórica e legislativa 85

3.3. Análise conceitual 86

3.4. Requisitos 87

3.5. Aspectos controvertidos frente ao direito positivo 88

4. Temas Controversos sobre Mandado de Segurança

4.1. Teoria da Encampação 93

4.2. Da intervenção anômala (art. 5º da Lei n. 9.469/97) e exclusão de honorários...95

4.3. Da morosidade processual como situação ensejadora do cabimento do Mandado de Segurança..99

4.4. Do microssistema processual coletivo 101

4.5. Mandado de Segurança contra ato judicial............................106

    4.5.1. Juizados especiais 107

    4.5.2. Execução penal e suspensão de ato judicial 108

    4.5.3. Judicialização da saúde via Mandado de Segurança 110

4.6. Tutela liminar no Mandado de Segurança e suas peculiaridades frente a Fazenda Pública..113

4.7. Defesa de prerrogativas institucionais da defensoria pública, Ministério Público, advocacia privada e pública via Mandado de Segurança 115

5. Conclusão 123

6. Referências Bibliográficas 125

7. Anexos

7.1. Súmulas sobre o Mandado de Segurança..............................127

    7.1.1. Supremo Tribunal Federal 127

7.1.2. Superior Tribunal de Justiça 129
7.1.3. Recursos Repetitivos do Superior Tribunal de Justiça 130
7.2. Modelo de peças 131
7.2.1. Modelo de Mandado de Segurança Individual 131
7.2.2. Modelo de Mandado de Segurança Coletivo 136

Prefácio

Incumbe ao prefaciador fazer a ponte entre a obra e o leitor, de forma que este, de relance, possa conhecer, ainda que superficialmente, o instituto objeto do trabalho, o corte epistemológico adotado e a expertise dos seus autores.

Honrado com a tarefa, começo por situar o mandado de segurança no contexto das liberdades civis.

Vai-se o tempo em que o Estado Absoluto, fundado no pacto social, dispunha de amplas prerrogativas que o possibilitariam manter a paz social. Assim pensava Thomas Hobbes, grande pensador político inglês, que, a partir de uma visão pessimista do Homem, acreditava que o Estado tinha como finalidade precípua a manutenção da paz e a imposição da ordem às comunidades humanas a fim de evitar que os próprios homens, movidos por suas paixões, se destruíssem. Não havia preocupação alguma com o Homem em si, com o indivíduo dotado de dignidade, mas com a ordem a ser resguardada pelo soberano.

Pouco tempo depois, outro grande filósofo inglês, John Locke, precursor da democracia liberal, passou a defender a ideia de que a cada indivíduo deve ser conferida a mais ampla liberdade, liberdade essa que poderia limitar-se somente pela liberdade do outro e não por imposição do Estado. Esse ambiente de liberdade constitui a garantia de que os indivíduos, com o fruto do próprio trabalho, possam se desenvolver como homens livres. Essa concepção de Estado enfatiza o direito à vida, à liberdade e a tudo que se faz necessário a uma existência digna. Locke, então, afirma que o Estado possui todas as funções apregoadas por Hobbes, mas a principal delas seria a promoção da defesa da propriedade privada, pois é por meio do próprio trabalho que o Homem se dignifica. Entre o Estado e o indivíduo surge, então, a sociedade civil, na qual o Estado atua apenas como árbitro dos conflitos nela existentes. Não cabe ao Estado interferir na esfera privada dos indivíduos, que devem ter assegurados a mais ampla liberdade de agir.

Nesse caminhar histórico, operada a queda do Antigo Regime e a instauração do Estado Liberal, o indivíduo passa a ser a origem e o destinatário do poder político. Nesse contexto surge a ideia de cidadania, fundada num contrato social em que os indivíduos cedem alguns poderes ao Estado, mas não a sua individualidade. O Estado passa a ser concebido como garantidor da vida, da liberdade e da propriedade. A partir do Estado Liberal ocorre a delimitação entre esferas públicas e privadas. Surge também o constitucionalismo, movimento político de cunho ideológico, fundado numa concepção de Estado de Direito que pressupõe a separação dos poderes, com vistas à restrição do arbítrio do Estado e a positivação de direitos fundamentais do Homem e do Cidadão. Nesse cenário, o Estado não é mais concebido como garantidor da ordem e mantenedor da paz, mas sim como instância de proteção das liberdades individuais. Tem por fim precípuo resguardar a atuação do indivíduo, colocá-la livre de qualquer poder externo, inclusive do Estado.

Posteriormente, percebe-se que essa concepção de Direito fundada no individualismo apresenta algumas consequências nefastas à manutenção da sociedade. Assiste-se ao ocaso do projeto ideológico liberal que apresentava como paradigma o indivíduo e sua propriedade. Apesar de a ordem jurídica fundar-se, principalmente, na manifestação de vontade do indivíduo, esse estado de coisas permitiu que indivíduos que se encontravam em situações fáticas privilegiadas acabassem se aproveitando daqueles menos privilegiados. A igualdade jurídica, tão cara aos liberais, acabou por dar lugar a inúmeros abusos. O projeto liberal, fundado na ideia de construção de uma sociedade mais justa, restou fracassado. O Estado, a partir de então, gradativamente, vai aumentando sua interferência nas relações privadas. Nesse momento ainda tem como finalidade a proteção da vida, da liberdade e da propriedade, mas toma para si o objetivo de promover a igualdade e a justiça material.

Imbuído dessa nova missão, o Estado sai da posição de mero garantidor das liberdades individuais e passa a promover e regular os serviços públicos. Os mais diversos âmbitos da vida privada são alcançados pelo braço estatal.

Com o aumento de prerrogativas, os abusos praticados pelo Estado tornaram-se mais frequentes, daí a concepção de remédios específicos para combater ou prevenir-se das ilegalidades e desvios de poder.

A ordem jurídica espelha o modelo de estado. A Constituição de 1824 já trazia, em seu art. 179, o reconhecimento da inviolabilidade dos direitos civis e políticos, mas é no contexto do Estado intervencionista que surge, na Constituição de 1934, o mandado de segurança como garantia do indivíduo contra abusos cometidos pelo Poder Público. Observa-se que o constituinte brasileiro antecipou-se à Declaração Universal dos Direitos do Homem, proclamada em Paris pela Assembleia Geral das Nações Unidas, em 10 de dezembro de 1948, a qual prescreveu que toda pessoa tem o direito "a um recurso efetivo, perante os tribunais nacionais competentes, que a ampare contra atos que violam seus direitos fundamentais reconhecidos pela constituição e pela lei" (art. 8º). Posteriormente, com o advento da Constituição de 1988, essa garantia reafirma-se sob o paradigma do Estado Democrático de Direito.

O instituto do habeas corpus, remédio constitucional assecuratório do direito de ir vir, foi primeiramente regulamentado no Brasil por meio do decreto lei de 23 de maio de 1821, mas ignorado pela Constituição do Império de 1824. Posteriormente foi incluído no Código de Processo Criminal do Império do Brasil, de 1832 (art. 340) e, enfim, no texto da Constituição de 1891. O momento histórico, marcado pelo surgimento dos direitos sociais e consequente hipertrofia do Estado, estava a exigir que se protegesse o indivíduo, detentor de um plexo de direitos fundamentais, de atos ilegais ou abusivos praticados pelos agentes públicos. Inicialmente essa garantia se limitava ao direito individual líquido e certo, a qual, a partir da Constituição de 1988, se estendeu também para os direitos coletivos.

Pois bem. Este livro que ora tenho a satisfação de apresentar à comunidade jurídica, faz jus ao título. Tal como anunciado, os autores, com maestria, perpassam a teoria e a prática do mandado de segurança. Nos tópicos iniciais, contempla-se a origem, a evolução histórica e legislativa dessa ação constitucional; a seguir discorrem os autores sobre os aspectos procedimentais, para, a final, em um substancioso anexo, brindar os operadores do direito com farta jurisprudência e modelos de mandado de segurança individual e coletivo.

Os autores Sérgio Henrique Salvador e Roger Vieira Feichas, além de sólida formação acadêmica, exercem o magistério jurídico e são atuantes nos fóruns e tribunais como operadores do direito. A teoria aliada à prática permitiu que este livro viesse a lume. Trata-se de obra substanciosa, escrita a quatro mãos, em linguagem simples e direta, por quem tem experiência acadêmica e vivência prática. Por isso mesmo é indispensável a advogados, professores, alunos e concurseiros.

Belo Horizonte, maio/2014.

Elpídio Donizetti

Apresentação

O presente livro propõe um desafio didático diferenciado, vale dizer, ser instrumento útil aos operadores do direito em geral, aos estudantes de graduação e concursos públicos, além de instigar novos debates sobre o tema e a revisão de outros que circundam tal instigante matéria. Afinal, o direito não se fossiliza e sua evolução é uma constante. Para tanto, a obra busca analisar o instrumento processual do Mandado de Segurança visto sempre do ápice constitucional com descendência à lei pretérita e de regência atual, trazendo sua visão geral com peculiaridades de ordem prática.

Além disso, nos volvemos a fazer contínua ligação com a interdisciplinariedade normativa que envolve o tema, ressaltando o critério do microssistema processual, além de exortar as divergências doutrinárias e jurisprudenciais, antigas, atuais e tendentes.

Destaque-se também a preocupação em se aludir questões modernas e atualíssimas do tema, inserindo súmulas, peças processuais e informativos jurisprudenciais, objetivando sempre aperfeiçoar o aprendizado. Não descuramos também de firmar nosso ponto de vista, incentivando o debate e a crítica sob temas aparentemente cristalizados e outros incipientes.

Longe de ser um estudo completo e definitivo sobre essa constitucional ação, a meta do presente é a de permitir ao leitor a atualização e ampliação do seu juízo crítico, além de ser útil no assessoramento para casos do dia a dia.

Submetemos, pois, a análise deste ensaio à crítica e censura dos doutos.

Minas Gerais, abril de 2014

Roger Vieira Feichas
Sérgio Henrique Salvador

"No meio da dificuldade encontra-se a oportunidade."
Albert Einstein

Introdução

Indubitavelmente, aferir a compleição processual dos fenômenos jurídicos vigentes imprescinde, e muito, da própria compreensão da finalidade instrumental do processo, que por sua vez representa genuíno corolário republicano, já que carrega consigo o exercício do direito material perseguido pelo jurisdicionado, destinatário-mor de toda a tutela jurisdicional.

De fato, adentrar a dimensão processual de uma maneira global demonstra a importante caminhada do sujeito de direitos na busca da chancela estatal para tanto, entregando-lhe um constitucional poder, ou seja, a essência da tutela judicial.

Entretanto, o trajeto instrumental não se apresenta tão somente no *digesto* processual, mas, também, de uma forma harmoniosa com várias outras ferramentas esparsas ao texto processual consolidado, sem perda dessa sintonia, isto é, a mesma essência, preservando o intento de adjetivar o substantivo direito a ser tutelado.

Logo, nesse singular contexto, se vê o instituto do Mandado de Segurança, aliás, de estatura constitucional, cujo estudo articulado será ora apresentado, de maneira exaustiva e condensada, de forma a aferir toda a sua extensão e seus valiosos consectários jurídicos.

Com efeito, no contexto do Mandado de Segurança temos uma autêntica e verdadeira ferramenta de controle social com contornos jurídicos diversos, imprescindível à manutenção do equilíbrio dos variados relacionamentos jurídicos.

Aqui, o campo de pouso do vertente estudo.

O Mandado de Segurança

1.1. Origem e evolução histórica

O instituto em comento, de forte influência europeia, na verdade, conforme vasta doutrina, é de uma genuína criação brasileira.

Com efeito, o contorno europeu se vê incidente por conta do contexto histórico vivido com a queda dos Estados Absolutistas e o surgimento dos Estados de Direitos.

Neste novo cenário político e ao mesmo tempo com profundos reflexos jurídicos, as Constituições detêm especial importância, já que passam a ser o ordenamento jurídico fundamental norteador e orientador de todo um sistema político e jurídico, sendo um divisor de águas para toda uma nação.

Acerca dessa constitucionalização dos Estados, correta a observação de Carlos Alberto Menezes Direito a respeito:

> Ocorreu uma conquista das liberdades individuais frente ao poder absoluto dos governantes. Isso porque todas elas contemplam a

declaração de direitos, enumeração dos direitos fundamentais dos indivíduos em face do Poder Estatal.[1]

Percebe-se então que os direitos e garantias individuais se mostram declarados nos textos constitucionais, que por sua vez imprescindem de instrumentos e mecanismos para conferir a desejada eficácia, sob pena de dar à ordem constitucional mero efeito declaratório, sem alguma concretude.

Logo, neste especial contexto é que justifica o surgimento do Mandado de Segurança.

A propósito, outra lição doutrinária a respeito, agora de Elpídio Donizetti:

> Esses direitos, por sua vez, só conseguem se materializar por meio das garantias constitucionais, as quais foram concebidas como instrumentos capazes de conferir eficácia aos direitos fundamentais, antes meras declarações apostas na Constituição.[2]

Como narrado, o instituto sedimentou-se nesse contexto de instrumentalizar postulados constitucionais, mas a sua criação em si possui raízes eminentemente brasileiras.

De fato, informa a doutrina que o Mandado de Segurança possui afeições com o *writ of mandamus* do Direito anglo-saxão e no *judicio de amparo* do México. Entretanto, de forma unânime assentou a doutrina que sua origem no ordenamento pátrio passou por fortíssimas influências das Ordenações manoelinas e filipinas, com as chamadas seguranças reais, que na verdade eram uma forma de tutela específica e se prestavam a evitar e prevenir a ameaça dos direitos de alguém.

Evidente que o instituto se consolidou no tempo, mas por anos e anos viu-se materializado em outro formato, quer seja, como *habeas corpus*.

Porém, a partir da revisão constitucional de 1926, o Mandado de Segurança ficou limitado, o que motivou a necessidade de uma concepção de outro instrumento que tutelasse as garantias individuais.

Assim, com a Carta de 1934, o Mandado de Segurança passou a compor o elenco das "garantias de direitos", tornando-se um remédio típico contra a ameaça ou violação a direito líquido e certo por ato de autoridade pública.

---

(1) DIREITO, Carlos Alberto Menezes. *Manual do mandado de segurança*. 3. ed. Rio de Janeiro: Renovar, 2003. p. 4.
(2) DONIZETTI, Elpídio. *Curso de processo coletivo*. 1. ed. São Paulo: Atlas, 2010. p. 394.

1.2. Evolução constitucional e legislativa

Como informado, foi a Constituição de 1934 a primeira a tratar do instituto, de forma expressa e consolidada.

Também nessa mesma carta que conferiu envergadura constitucional ao *mandamus* se viram contextualizadas as modalidades repressiva e preventiva, bem como a certeza do direito a ser tutelado.

Com o conhecido golpe de estado de 1937 e com a respectiva Constituição da época, não houve mais a previsão expressa do instituto face às peculiaridades desse período de negligência e desrespeito a direitos fundamentais, eis que toda a engenharia instrumental até então existente passou a se conformar com o novo regime.

Com a queda desse regime, em 1946, e com a promulgação de uma nova Carta Constitucional, o instituto volta a ter a sua previsão constitucional em conjunto com o *habeas corpus*, porém com expressões constitucionais diferenciadas.

De igual forma, a Carta Política de 1967 manteve o instituto, contudo, de maneira expressa inseriu a expressão individual, cujo termo foi suprimido pela Emenda Constitucional n. 1, de 1969.

Por fim, a chamada Constituição Cidadã, promulgada em 1988, atualmente vigente, manteve a estatura constitucional do instituto, aliás, ampliando sobremaneira seu campo de atuação, agora também para a esfera dos direitos coletivos, conforme as redações insculpidas no art. 5º, incisos LXIX e LXX.

Eis a literalidade desses regramentos constitucionais:

LXIX — conceder-se-á mandado de segurança para proteger direito líquido e certo, não amparado por habeas corpus ou habeas data, quando o responsável pela ilegalidade ou abuso de poder for autoridade pública ou agente de pessoa jurídica no exercício de atribuições do Poder Público;

LXX — o mandado de segurança coletivo pode ser impetrado por:

a) partido político com representação no Congresso Nacional;

b) organização sindical, entidade de classe ou associação legalmente constituída e em funcionamento há pelo menos um ano, em defesa dos interesses de seus membros ou associados.[3]

---
(3) Arts. 5º, incisos LXIX e LXX, da CRFB/88.

De outro giro, superada essa dimensão constitucional, que na verdade, confere destacado relevo ao instituto, também a legislação infraconstitucional não destoou de regulamentar a sua aplicabilidade de maneira esparsa.

Como sabido e sendo originário da Carta Constitucional de 1934, a primeira lei a regulamentar o Mandado de Segurança foi a de n. 191/36, que estendeu o conceito de autoridade.

Porém, após o nebuloso período ditatorial e com o retorno do *writ* ao patamar constitucional com a Carta de 1946, para regulamentá-lo, foi editada a Lei n. 1.533/51, que durante muito tempo foi o único diploma acerca do instituto.

A Lei n. 1.533/51, por sua vez, foi mitigada em várias ocasiões, ou seja, sofreu destacadas alterações, valendo conferir as perpetradas pelas Leis ns. 4.348/64; 5.021/66 e 6.014/73, dando já evidentes sinais da necessidade de sua reforma.

Também, sofreu sensível impacto com a Lei n. 35/79, a até então conhecida Lei Orgânica da Magistratura, bem como com a Lei n. 8.437/92, que restringiu a hipótese de concessão liminar em desfavor do ente público.

Em decorrência dessas mitigações legislativas, o Mandado de Segurança sofreu recente sistematização com a Lei n. 12.016, de 7 de agosto de 2009, sendo assim o principal diploma legal sobre o *mandamus*, individual e coletivo, com aplicação subsidiária do Código de Processo Civil.

Com efeito, a lição de Marcelo Malheiros Cerqueira a respeito:

> A intenção do legislador foi trazer para um diploma normativo único as diversas regulamentações que alteraram o texto da Lei n. 1.533/51, além de fixar em regra legal o entendimento jurisprudencial sedimentado em súmulas dos tribunais.[4]

1.3. ANÁLISE CONCEITUAL

Valendo-se da hermenêutica jurídica, enquanto ciência interpretativa, mister asseverar em qualquer instituto jurídico a sua conceituação, para uma exata e exauriente compreensão jurídica.

De todo o modo, aprimorar os conceitos legais e suas razões de existir, dentro da hermenêutica jurídica, exprime a importância do próprio instituto

---

(4) CERQUEIRA, Marcelo Malheiros. *Curso de processo coletivo*. 1. ed. São Paulo: Atlas, 2010. p. 398.

jurídico regulado, de todo necessário para a convivência de uma sociedade politicamente organizada.

Acertada, assim, a lição de André Franco Montoro:

> O intérprete deve penetrar na norma, buscando seu sentido, seu alcance e a extensão da sua finalidade.[5]

Evidente que por meio da técnica da interpretação literal e mesmo a sistêmica, o Mandado de Segurança é facilmente conceituado.

Com efeito, as próprias técnicas interpretativas explicitam a temática, e a doutrina, por sua vez, a aperfeiçoa, até mesmo porque é sabido e consabido que a doutrina fomenta a ciência jurídica como verdadeira fonte.

De início, o conceito do professor Cássio Scarpinella Bueno:

> O mandado de segurança nasceu e se desenvolveu no direito brasileiro como medida apta para tutelar direitos lesados ou ameaçados por autoridade pública.[6]

Também nesse sentido o conhecido ensinamento de Hely Lopes Meireles:

> Mandado de Segurança é o meio constitucional posto à disposição de toda pessoa física ou jurídica, órgão com capacidade processual, ou universalidade reconhecida por lei, para a proteção de direito individual ou coletivo, líquido e certo, não amparado por habeas corpus ou habeas data, lesado ou ameaçado de lesão, por ato de autoridade, seja de que categoria for e sejam quais forem as funções que exerça.[7]

Por fim, a lição conceitual de Elpídio Donizetti:

> O mandado de segurança representa garantia posta à disposição dos cidadãos, isolada ou coletivamente considerados, para a proteção das suas liberdades em face do arbítrio estatal. Também é possível se depreender que o *mandamus* tem um campo de aplicação residual, visto que se presta a tutelar direito não amparado por *habeas corpus* e *habeas data*.[8]

---

(5) MONTORO, André Franco. *Introdução à ciência do direito*. 24. ed. São Paulo: RT, 1997. p. 35.
(6) BUENO, Cássio Scarpinella. *A nova lei do mandado de segurança*. 1. ed. São Paulo: Saraiva, 2011. p. 6.
(7) MEIRELLES, Hely Lopes. *Mandado de segurança*. 28. ed. São Paulo: Malheiros, 2008. p. 21.
(8) *Op. cit.*, p. 400.

Portanto, fácil aferir que o *mandamus* representa significativa ferramenta jurídica apta a tutelar e concretizar direitos fundamentais frente a abusos estatais, seja de forma repressiva e preventiva, seja sob a dimensão individual e a coletiva.

1.4. NATUREZA JURÍDICA, ESPÉCIES, CABIMENTO E REQUISITOS

Adentrar esse contexto é compreender a concepção jurídica do instituto, ou seja, delimitar dentro da ciência qual a roupagem do *mandamus*, bem como aferir toda a sua compleição jurídica, passando pelas espécies, cabimento, requisitos e demais aspectos.

A toda evidência, reiterando aqui a lição constitucional de concretizar direitos e garantias fundamentais, curial compreender que se trata de um verdadeiro remédio jurídico, de *status* eminentemente constitucional.

Tal adjetivação, aliás, explica sua própria natureza jurídica, de uma verdadeira ação, mas uma ação constitucional, já que fulcrada na Lei Maior, cuja classificação também abrange o *habeas corpus* (art. 5º, LXVIII); mandado de injunção (art. 5º, LXXI); *habeas data* (art. 5º, LXXII); ação popular (art. 5º, LXXIII) e a ação civil pública (art. 129, III).

Oportuno também que a própria Corte Constitucional, no julgamento do Ag.RMS n. 22.626, assentou que se trata de ação constitucional de índole civil.

Portanto, o Mandado de Segurança detém a natureza jurídica de ação constitucional, de rito especial, como ensina, de novo, o saudoso professor Hely Lopes Meirelles:

> O mandado de segurança, como a Lei regulamentar o considera, é ação de rito sumário especial. Distingue-se das demais ações apenas pela especificidade de seu objeto e pela sumariedade de seu procedimento que é próprio e só subsidiariamente aceita as regras do Código de Processo Civil.[9]

Pela análise harmoniosa do Mandado de Segurança, conforme o espírito orientador do Legislador Constitucional e com a regulamentação da legislação marginália, tem-se que o instituto pode ser classificado de duas formas: quanto à tutela, podendo ser repressivo ou preventiva, e quanto à legitimação ativa, quando ele pode ser individual ou coletivo.

---

(9) *Op. cit.*, p. 31.

No que tange à primeira classificação, ou seja, acerca da tutela, o art. 1º da Lei n. 12.016/09 é explícito quanto às formas repressiva e preventiva.

É que aludido dispositivo estende o conceito constitucional, abarcando também a situação da ilegalidade concretizada, modalidade repressiva, bem como aquela que está na iminência de ocorrer, ou seja, o *mandamus* preventivo.

De outro lado, quanto à legitimação ativa, forçoso reconhecer que a *Lex Fundamentallis* de 1988 corrigiu diversos embaraços eminentemente práticos.

É que até então, no ideário da dimensão constitucional anterior ao vigente Texto Político, somente havia a previsão da individualidade da legitimação ativa, isto é, somente caberia a propositura do *writ* sob a ótica individual.

O que existia, na verdade, era a possibilidade da substituição processual, ou seja, quando inerte o titular do direito em sua potestatividade.

Porém, uma problemática se instaurava, ou seja, na existência de vários direitos afins, seus titulares aforavam o *mandamus* individualmente, mas sob a forma do litisconsórcio ativo e facultativo com vários autores, o que trazia inconvenientes de toda ordem.

Logo, atento a essa problemática de contornos práticos conturbados é que o Constituinte de 1988 também tutelou o *writ* coletivo, conforme expressa regulação no art. 5º, inciso LXX.

Registre-se que outros mecanismos existiram e ainda existem para a tutela coletiva, porém, por muitos anos, inexistiu de forma específica dentro da tutela do *mandamus*, corrigido não só pela previsão constitucional, mas de forma expressa com o advento da Lei n. 12.016/2009, o que será mais bem analisado no decorrer deste trabalho.

Pela simples análise do núcleo constitucional acerca do instituto, percebe-se que os requisitos gerais e imprescindíveis para a sua convalidação são três: ato de autoridade; direito líquido e certo e a ilegalidade ou o abuso de poder.

Acerca do ato de autoridade, Hely Lopes Meirelles o definiu da seguinte forma:

> Ato de autoridade é toda manifestação ou omissão do Poder Público ou de seus delegados, no desempenho de suas funções ou a pretexto de exercê-las. Por autoridade entende-se a pessoa física

investida de poder de decisão dentro da esfera de competência que lhe é atribuída pela norma legal.[10]

Por essa conhecida conceituação, fácil aferir que somente a pessoa investida de poder de decisão é que se sujeita ao *mandamus*, ao contrário do mero executor, que não pode ser considerado autoridade para esse fim, havendo aqui uma nítida diferença entre autoridade pública e agente público, no conhecido exemplo do porteiro, na lição do professor Hely Lopes Meirelles.

Ainda neste tópico, cabe afirmar que a Lei n. 12.016/09 ampliou sobremodo o conceito de autoridade, em especial no seu art. 1º, § 1º, enaltecendo ainda mais a necessidade de reprimir ou prevenir ofensa a direitos fundamentais:

> Equiparam-se às autoridades, para os efeitos desta lei, os representantes ou órgãos de partidos políticos e os administradores de entidades autárquicas, bem como os dirigentes de pessoas jurídicas ou as pessoas naturais no exercício de atribuições do poder público, somente no que disser respeito a essas atribuições.

No tocante ao seguindo requisito, quer seja, o direito líquido e certo, de início necessário registrar que durante muito tempo a expressão constitucional era direito líquido e incontestável. Porém, após um voto do Ministro Costa Manso do STF, no MS n. 333, de 1936, toda a doutrina passou a definir que o direito líquido e certo é aquele que se mostra claro, indene de dúvidas e passível de demonstração por documentos, ressaltando, é claro, que líquido e certo devem ser os fatos, e não o direito em que é sempre manifesto.

Aqui, um sólido aresto do colendo STJ a respeito:

> Não é correta a assertiva de que, em sede de mandado de segurança, o Poder Judiciário não examina provas. Tal exame é necessário, para que se avalie a certeza do direito pleiteado. A prova há de ser pré-constituída. No entanto, por mais volumoso que seja, ela deve ser examinada.[11]

Ainda nesse contexto, vale mencionar que deve haver prova desse direito líquido e certo, sob pena do indeferimento da inicial, conforme preceitua o art. 10 da referida *lex*.

Também nesse sentido, outro posicionamento do Tribunal da Cidadania:

---

(10) *Op. cit.*, p. 33.
(11) STJ, RMS n. 8.844-RS, Rel. Min. Humberto Gomes de Barros, RSTJ n. 121/49.

A impetração desamparada de prova insofismável do ato tido como lesivo ao suposto direito do impetrante, impõe-se o indeferimento da petição inicial, por ausência de requisito expressamente previsto em lei.[12]

Por último, também é requisito basilar para aviamento do *mandamus* a existência da ilegalidade ou abuso de poder.

Tal premissa, primeiro, advém do art. 5º, inciso LXIX, da Excelsa Carta pela sua simples leitura.

Lado outro, é a doutrina, bem como o sistema jurídico como um todo, que definirá o que é um e o que é outro.

Nessa toada, verifica-se a ilegalidade ou o abuso de poder quando:

a) haja lei que impeça a prática do ato de autoridade ou a determine, no caso de omissão;

b) o ato de autoridade for praticado com usurpação de competência;

c) não observância dos princípios do art. 37 da Constituição Federal.

Como visto, a atuação do instituto é simples e incidente contra ato de qualquer autoridade.

Oportuna a lição de Hely Lopes Meirelles nessa direção:

O objeto do mandado de segurança será sempre a correção de ato ou omissão de autoridade, desde que ilegal e ofensivo de direito individual ou coletivo, líquido e certo, do impetrante.[13]

Contudo, há excepcionalidades.

De fato, no art. 5º da Lei n. 12.016/09 existem as ora ventiladas exceções, porém, valioso consignar, conforme destaca a doutrina, que a restrição apontada no comando legal deve ser vista de forma restritiva, ponderada e dentro da razoabilidade, tendo em vista que na dimensão constitucional não há qualquer previsão limitadora.

Como impingido, são as seguintes as exceções quanto ao cabimento do *writ*:

---
(12) STJ, REsp n. 894.788/MT, Rel. Min. Carlos Meira, DJ 27.2.2007.
(13) *Op. cit.*, p. 40.

a) ato do qual caiba recurso administrativo com efeito suspensivo, independentemente de caução (art. 5º, inciso I);

b) decisão judicial da qual caiba recurso com efeito suspensivo (art. 5º, inciso II);

c) decisão judicial transitada em julgado (art. 5º, inciso III).

No tocante ao prazo para manejo do *mandamus*, por muito tempo se discutiu acerca da constitucionalidade de dispositivos infraconstitucionais regularem a existência de um específico prazo para o exercício do Mandado de Segurança, se assim não o fez o legislador constitucional. Contudo, superada está essa celeuma, por ampla doutrina a respeito.

É que, se assim não fosse, haveria uma subordinação permanente do poder de administrar com o poder de julgar, o que seria uma ofensa à constitucional tripartição dos poderes.

Pois bem, validada que foi pela doutrina, também a natureza desse prazo, ou seja, eminentemente decadencial, que não se interrompe e nem se suspende, prazo este de 120 (cento e vinte dias), sedimentado no atual seu art. 23.

De igual modo, acerca do início dessa contagem, tendo hoje prevalecido o entendimento do colendo STJ a respeito, no sentido de que vale a data da ciência inequívoca, senão vejamos:

> O Superior Tribunal de Justiça consagra entendimento no sentido de que a fluência do prazo decadencial para impetração do mandado de segurança tem início na data em que o interessado tem ciência inequívoca do ato atacado, independentemente, da interposição de eventual pedido de reconsideração ou de recurso administrativo, exceto se este for recebido com efeito suspensivo. Isso porque a rejeição do pedido de reconsideração é mero desdobramento do ato coator anterior; e não uma nova violação de direito líquido e certo.[14]

Por fim, quanto aos atos complexos, o prazo começa com o conhecimento da última atividade que o compôs, ao passo que nos atos advindos de relacionamentos jurídicos de trato sucessivo entende-se que há uma renovação desse prazo na renovação de cada ato. Lado outro, quanto à omissão da Administração Pública, o início é tomado como base a partir do esgotamento do prazo legal ou regulamentar para que se manifeste.

---

(14) STJ, REsp n. 860.529/DF, Relatora Ministra Denise Arruda, DJ 11.11.2008.

1.5. Aspectos processuais

De início, toda a sistemática processual passa pela vigente Lei n. 12.016/2009 e com aplicação subsidiária do Código de Processo Civil.

1.5.1. Prazo para impetração e as peculiaridades das condutas ativas e passivas

A nova Lei do *writ of mandamus* estatuiu no art. 23 que "o direito de requerer o mandado de segurança extinguir-se-á decorridos cento e vinte dias, contados da ciência, pelo interessado, do ato impugnado".

Nada obstante a clareza da lei, isto é, no sentido de haver prazo extintivo para o uso de tal instrumento processual, deduz-se existir inúmeras celeumas sobre o tema.

De logo, frise-se que o estudado instrumento processual origina-se de preceito constitucional (art. 5º, LXIX) que não indica prazo, não podendo, assim, sofrer limitações por normatividade inferior, até mesmo em homenagem ao princípio da inafastabilidade do controle jurisdicional.

Igualmente, em que pese a edição da Súmula n. 632 do STF reconhecendo a validade da norma, infere-se que tal referência não impede o controle do julgador no caso concreto, por não sê-la vinculante, embora se trate de tema consolidado. Frise-se que não se está a estimular o descaso com o entendimento consolidado, mas a possibilidade de se aquilatar cada caso com resguardo a sua peculiaridade fática e jurídica (a exemplo das divergentes interpretações recaídas sobre o tema concurso público), até porque não se trata de entendimento que se referendou pelo filtro da repercussão geral (art. 543-A do CPC) ou súmula vinculante (Lei n. 11.417/06).

Não bastasse, a *lex* indicou a natureza do prazo, tal como se observa do art. 6º, § 6º, como sendo decadencial, nada obstante haver pequena parcela da doutrina acentuando tratar-se de uma situação de perempção[15], que é inerente à perda do direito de propor determinada ação, ao revés da decadência, que atinge o direito material, lembrando-se que em termos práticos, se ultrapassado o prazo, o impetrante poderá fazer uso das vias ordinárias.

---

(15) STF — RMS n. 6.948, Relator: Rocha Lagoa, Data de Julgamento: 1º.1.1970, Tribunal Pleno, Data de Publicação: ADJ Data 17.4.1961, p. 30. Ement v. 422-01, p. 385.

Mas com foco detalhado, exortamos as peculiaridades das condutas ativas e passivas e o *start* do prazo para impetração.

A despeito das condutas comissivas serem mais bem visualizadas, mister destacar que o prazo se inicia quando o ato a ser hostilizado esteja formado, ou seja, *operante, exequível,* e que a parte interessada tenha tido *ciência*[16][17] (*contagem no primeiro dia útil após*[18]). Com isso, já se observa que a existência de recurso *e/ou* pedido de reconsideração, sendo ambos dotados de efeito suspensivo (*previsão legal e/ou administrativa*) já afasta o início da contagem do prazo, o que se infere, *mutatis mutandis* da Súmula n. 430, do STF. Agregue-se, também, a sua inaplicabilidade para o Mandado de Segurança sob o crivo preventivo[19], já que o ato não se tornou apto a produzir seus efeitos.

Quanto aos *atos de trato sucessivo,* deduz-se que o prazo se renova a cada ato, a exemplo do pagamento de prestações sucessivas de IPTU[20], salvo se houver rejeição expressa da pretensão pela autoridade administrativa. A propósito, *en passant,* frise-se que o STF editou a Súmula Vinculante n. 28 no sentido de ser vedada a exigência de caução como requisito para judicializar questões tributárias.

O cuidado ao se analisar a hipótese de ato sucessivo é a de se verificar se o ato ilegal é contínuo, ainda que reduzido. Se positivo, o prazo se renova. Se há cessação de algum direito de fundo, inexiste, portanto, renovação da abertura do prazo decadencial.

---

(16) Súmula n. 266 do STJ.
(17) Questão interessante trazida pelo STJ no Informativo n. 522 é o trânsito em julgado como marco inicial para contagem do prazo. DIREITO ADMINISTRATIVO. TERMO INICIAL DO PRAZO PARA IMPETRAÇÃO DE MANDADO DE SEGURANÇA OBJETIVANDO A NOMEAÇÃO EM CARGO PÚBLICO. *Na hipótese em que houver, em ação autônoma, o reconhecimento da nulidade de questões de concurso público, o termo inicial do prazo para que o candidato beneficiado impetre mandado de segurança objetivando sua nomeação no cargo público será a data do trânsito em julgado da decisão judicial.* Isso porque o candidato favorecido pela decisão judicial somente passa a ter direito líquido e certo à nomeação a partir da referida data. AgRg no REsp n. 1.284.773-AM, Rel. Min. Benedito Gonçalves, julgado em 23.4.2013.
(18) STJ — RMS n. 31.975, Relator: Ministro Castro Meira, Data de Publicação: DJ 15.2.2011.
(19) Embora o art. 5º, LXIX, da Constituição de 1988 seja silente a respeito da hipótese, encontra ele fundamento expresso no art. 5º, XXXV, da Carta, que assegura que a Lei não excluirá lesão ou ameaça a direito do Poder Judiciário.
(20) TRIBUTÁRIO. MANDADO DE SEGURANÇA. IPTU. DECADÊNCIA. PRESTAÇÕES DE TRATO SUCESSIVO. I — As parcelas de IPTU configuram-se como de trato sucessivo, sendo certo que o prazo decadencial flui a partir de cada prestação a ser paga, ocorrendo a lesão ao direito do contribuinte periodicamente. Precedentes: REsp n. 630.858/RJ, Rel. Min. José Delgado, DJ 7.6.2004 e REsp n. 120.387/SP, Rel. Min. Adhemar Maciel, DJ 6.10.1997. II — Recurso especial improvido (STJ — REsp 796.009/SP 2005/0186523-9, Relator: Ministro Francisco Falcão, Data de Julgamento: 13.2.2006, T1 — Primeira Turma, Data de Publicação: DJ 6.3.2006 p. 244).

É o que se dessume, *mutatis mutandis*, da interpretação do STJ contida no Informativo n. 513:

> "PROCESSUAL CIVIL. ADMINISTRATIVO. MANDADO DE SEGURANÇA. EXCLUSÃO DO PAGAMENTO DE HORAS EXTRAS. ATO COMISSIVO. DECADÊNCIA. 1. Trata-se, originariamente, de Mandado de Segurança contra ato de secretário de Estado da Administração que excluiu as horas extras da remuneração de servidores. O acórdão recorrido extinguiu o feito por decadência. 2. A jurisprudência do STJ é assente em afirmar que, quando houver redução, e não supressão do valor de vantagem, configura-se a prestação de trato sucessivo, que se renova mês a mês, pois não equivale à negação do próprio fundo de direito. Mutatis mutandis, a exclusão do pagamento da verba é ato comissivo que atinge o fundo de direito e, portanto, está sujeito ao prazo decadencial do art. 23 da Lei n. 12.016/2009. 3. Recurso Ordinário não provido." (RMS 34363/MT, Rel. Ministro Herman Benjamin, Segunda Turma, julgado em 6.12.2012, DJe 19.12.2012).

Diversamente é a hipótese do *ato complexo*[21], como já mencionando alhures, que demanda o aperfeiçoamento do ato como um todo para que ele possa gerar efeitos concretos, além da ciência à parte.

Calha refletir, além disso, que a aferição do prazo decadencial pode interferir, igualmente, na competência, legitimidade ativa e instrumento processual a ser usado, a exemplo de parlamentar que, vislumbrando irregularidade na tramitação de lei, pode, antes da conversão em norma jurídica, fazer uso do Mandado de Segurança[22] observando o prazo decadencial. Após a integração da norma no mundo jurídico, não mais poderá fazê-lo por si e pelo viés do *writ*, por não sê-lo sucedâneo de ADIN, afora

---

(21) ADMINISTRATIVO. MANDADO DE SEGURANÇA. PERDA DE GRATIFICAÇÃO. ATO COMPLEXO. APERFEIÇOAMENTO PELO TRIBUNAL DE CONTAS. DECADÊNCIA ADMINISTRATIVA QUE SE CONTA A PARTIR DESSE ÚLTIMO ATO. RECURSO DE AGRAVO A QUE SE NEGA PROVIMENTO À UNANIMIDADE. 1 — Considerando que ato complexo é um ato administrativo, formado por duas ou mais vontades independentes entre si. Ele somente existe depois da manifestação dessas vontades. 2 — Tendo o ato de reforma da aposentadoria do impetrante sido formado através da sucessão de atos, tanto pelo Secretário de Estado, como pelo acórdão do Tribunal de Contas do Estado (Acórdão n. 2.831/00), não poderia a Administração Pública, por meio de Ato unilateral ora impugnado, modificar os proventos antes fixados, que já contavam alguns anos de execução. 3 — O início do prazo decadencial só se opera a partir do seu aperfeiçoamento com o registro perante o Tribunal de Contas, a sua invalidação, ou reforma, segue a mesma forma do seu ciclo de formação. 4 — À unanimidade de votos, negou-se provimento ao presente recurso. (TJ-PE — AGV n. 2803712¹PE 0018403-52.2012.8.17.0000, Relator: Luiz Carlos Figueiredo, Data de Julgamento: 11.10.2012, 3ª Câmara de Direito Público, Data de Publicação: 193).

(22) MANDADO DE SEGURANÇA — PROJETO DE LEI — IRREGULARIDADE NA TRAMITAÇÃO PERANTE A CÂMARA MUNICIPAL — ILEGALIDADE CONFIGURADA — Violação de direito líquido e certo — "Sentença confirmada em reexame necessário" (TJPR — RN n. 0083872-2 — (6302) — 5ª C. Cív. — Rel. Des. Conv. Lauro Laertes de Oliveira — DJPR 5.2.2001).

a eventual competência do respectivo Tribunal de Justiça ou do Supremo Tribunal Federal, a depender do caso.

E de outro lado, se para a conduta comissiva exsurgem tais apontamentos, para os omissivos o debate também persiste.

À ausência de conduta, se houver previsão legal fixando o prazo para realização do ato, inegável que a fluência, isto é, o início do prazo decadência dar-se-á com o exaurimento desse prazo. Um exemplo clássico fora o corrente no sul de Minas Gerais, explicitado por meio da decisão proferida pelo dinâmico Magistrado José Sérgio Palmieri, até então da Comarca de Itajubá (Processo n. 25.745-7/04 — Comarca de Itajubá), ao afiançar que, *verbis:*

> Trata-se de pedido mandamental que CENTRO REGIONAL DE CULTURA propõe face ao CHEFE DA AGÊNCIA DA COMPANHIA DE SANEAMENTO DE MINAS GERAIS — COPASA, visando ao uso do "aparelho eliminador de ar", instalado junto ao hidrômetro do seu imóvel, *ex vi* da legislação municipal e estadual pertinentes, mantendo-se, assim, o fornecimento do líquido precioso que estaria sendo cerceado pela autoridade-impetrada.

Preambularmente, afasto a prefacial de inépcia da inicial, por ser matéria que se confunde com a de mérito, e com esta será apreciada e decidida. À luz dos preceitos estatuídos no Decreto Municipal n. 3.228/99, que regulamentou a Lei Municipal n. 2.251/99 e, ainda, a Lei Estadual n. 12.645/97, vejo que, realmente, o impetrante teve seu direito líquido e certo afetado, na medida em que a empresa impetrada, que funciona por delegação do Estado, ao ameaçá-los de cercear-lhe o fornecimento de água, em virtude do legalizado "aparelho eliminador de ar", agiu de maneira irregular, ou melhor, abusiva, já que detém outros meios para viabilizar eventual ato judicial passível de resguardar seu direito. A propósito, em se falando de direito, vejo sem razão o argumento da impetrada, ao disseminar a tese de que a ausência de regulamentação da lei estadual viria a ser a *ratio* para a impossibilidade de instalação do referido aparelho, já que o seu teor, ou seja, da *lex mineira*, é claro o bastante quanto a sua obrigação em providenciá-lo na tubulação que antecede o hidrômetro do imóvel, ficando as despesas por conta do consumidor (art. 1º, § 1º). O fato de inexistir regulamentação, pelo Poder Executivo, não torna, contudo, ineficaz a lei. Ela é ato administrativo que visa a explicitar ou a esclarecer a lei, de modo a implementar a sua aplicação. Não pode de forma alguma alterar o seu conteúdo ou alcance. Não se trata, na hipótese, de norma contida, mas de aplicação imediata, daí o porquê da violação do direito líquido e certo do impetrante! Se fixado, na própria lei, prazo para regulamentação, decorrido o lapso sem ela, os destinatários podem invocar seus preceitos e auferir todas as vantagens que ela confere. *A fortiori*, a lição do saudoso administrativista Hely Lopes Meirelles: "Mas, quando a própria Lei fixa o prazo para sua regulamentação, decorrido este, sem a publicação do decreto regulamentar, os destinatários da norma legislativa podem invocar seus preceitos e auferir todas as vantagens dela decorrentes, desde que possa prescindir do regulamento, porque a omissão do Executivo não tem o condão de invalidar os mandamentos legais do Legislativo" (*Direito administrativo brasileiro*. 24. ed. São Paulo: Malheiros, 1999. p. 113). Portanto, não há que se falar em ausência de regulamentação, pois, estando em vigor a lei estadual, confere-se o referido direito de se usar o aparelho por parte do usuário, e, em consequência, a obrigação da concessionária do serviço de fornecimento de água que, a pedido daquele, e por sua conta, deve instalar o equipamento.

Vê-se, pois, que consagrado prazo na lei, não sendo dinamizado o ato, exsurge, de logo, o direito líquido e certo ao ajuizamento da *actio*, sendo importante frisar que o caso citado enfatiza pertinência viabilizadora do instrumento em análise frente o art. 1º, § 2º, da Lei n. 12.016/09 (*neste caso trata-se de ato de trato sucessivo*), o que, sob o crivo textual da *lex*, seria vedado.

No entanto, à ausência de regramento determinante do momento em que o ato deva ser dinamizado, subentendeu a jurisprudência e parte da doutrina no sentido de que inexiste[23] transcurso decadencial, mas sendo imperioso frisar que o uso de tal via impede, quando presentes repercussões econômicas, pleito retroativo, *ex-vi* das Súmulas ns. 269 e 271 do STF.

Portanto, não havendo ato administrativo diante da omissão, não há prazo para o controle judicial da omissão. Certo? Não, já que pode ocorrer uma circunstância, *verbi gratia*, em que, mesmo não havendo prazo legal para a sua prática, ocorra a comunicação ao interessado de que não será realizado o ato administrativo que se estava aguardando. Dessa forma, a fluência do

---

(23) ADMINISTRATIVO E PROCESSO CIVIL — MANDADO DE SEGURANÇA — ANISTIA — ATO OMISSIVO — EFEITOS RETROATIVOS. 1. Para cumprir a ordem de pagamento das indenizações aos anistiados políticos o Ministro da Justiça comunica por intermédio de aviso ou portaria ao Ministério correspondente, indicando o valor das prestações mensais e o quantitativo das prestações vencidas (art. 12, § 4º, da Lei n. 10.559/2002). 2. Legitimidade do Ministro do Planejamento, Orçamento e Gestão, a quem foi dirigido o aviso ministerial. 3. Em se tratando de obrigação líquida e constante de comunicação do Ministro da Justiça para pagamento, o mandado de segurança não se configura em ação de cobrança de obrigações pretéritas à impetração, o que afasta o teor das Súmulas ns. 269 e 271, ambas do STF (precedentes do STF e da Terceira Seção do STJ). 4. Em se tratando de mandado de segurança contra ato omissivo, não há prazo decadencial, como está consagrado na jurisprudência. 5. Comprovada a omissão do impetrado, porque extrapolado o prazo assinalado de sessenta dias para a realização do pagamento, estando prevista a dotação própria na Lei do orçamento. 6. Segurança concedida (STJ — MS n. 11506/DF 2006/0034703-5, Relator: Ministra Eliana Calmon, Data de Julgamento: 13.6.2006, S1 — Primeira Seção, Data de Publicação: DJ 7.8.2006 p. 197).

prazo decadencial para o manejo do MS fluirá dessa ciência, senão vejamos a dicção do STF com espeque na legislação pretérita:

> "RECURSO ORDINÁRIO EM MANDADO DE SEGURANÇA. — Enquanto há omissão continuada da Administração Pública, não corre o prazo de decadência para a impetração do mandado de segurança, sendo certo, porém, que essa omissão cessa no momento em que há situação jurídica de que decorre inequivocamente a recusa, por parte da Administração Pública, do pretendido direito, fluindo a partir daí o prazo de 120 (cento e vinte) dias para a impetração da segurança contra essa recusa. — Em se tratando de concurso público, a abertura de novo concurso pela Administração Pública traduz situação jurídica de evidente recusa de aproveitamento dos candidatos do concurso anterior, pondo termo, assim, à omissão continuada pela falta desse aproveitamento, começando a correr o prazo de decadência para a impetração da segurança. — Ocorrência, no caso, da decadência. Recurso ordinário a que se nega provimento." (STF — RMS: 23987 DF, Relator: Min. Moreira Alves, Data de Julgamento: 25.3.2003, Primeira Turma, Data de Publicação: DJ 2.5.2003)

Na condição supra, onde a omissão continuada revestiu de recusa expressa, se houver manejo de recurso previsto e com efeito suspensivo contrapondo-se ao ato, ainda assim caberá o Mandado de Segurança, porquanto o ato originário é omissivo, bastando-se ver a Súmula n. 429 do STF, ao contrário quando a conduta for comissiva (art. 5º, I, da Lei n. 12.016/09).

Pode ocorrer, ainda, que tal omissão esteja circunscrita a uma situação de trato de sucessivo, o que permitirá a renovação do lapso, senão vejamos pela dicção do STJ exortada no Informativo n. 517, *litteris*:

> DIREITO PROCESSUAL CIVIL. PRAZO DECADENCIAL PARA A IMPETRAÇÃO DE MANDADO DE SEGURANÇA. **Renova-se mês a mês o prazo decadencial para a impetração de mandado de segurança no qual se contesta o pagamento de pensão feito pela Administração em valor inferior ao devido.** De acordo com a jurisprudência do STJ, cuidando-se de conduta omissiva ilegal da Administração, que envolve obrigação de trato sucessivo, o prazo decadencial estabelecido pela Lei do Mandado de Segurança se renova de forma continuada. **AgRg no** AREsp 243.070-CE, **Rel. Min. Humberto Martins, julgado em 7.2.2013.**

E diante do princípio da razoabilidade, imperioso gizar que à ausência Lei prevendo prazo para a prática do ato vem se exigindo o aguardo de um prazo razoável para a manifestação da autoridade, de sorte a se configurar a omissão qualificada pelo abuso[24].

---

(24) STJ — MS n. 13.728/DF 2008/0171003-4, Relator: Ministro Marco Aurélio Bellizze, Data de Julgamento: 23.11.2011, S3 — Terceira Seção, Data de Publicação: DJe 8.2.2012.

Finalmente, agregue-se a observação ao § 6º do art. 6º da LMS, que preceitua a possibilidade da renovação da impetração do MS quando ainda não tiver se exaurido o prazo decadencial e a decisão que gerou a extinção da primeira interposição não lhe houver apreciado o mérito, situação esta, alerte-se, que gera o dever de distribuição por dependência (art. 253, II, do CPC) caso a renovação se dê no mesmo foro.

1.5.2. Sujeitos processuais

A questão sobre os sujeitos processuais em sede de Mandado de Segurança erige grandes celeumas. A análise do MS coletivo e de sua legitimação ativa será realizada em capítulo próprio.

Neste momento, com foco específico no individual, mister exortar o inciso LXIX, do art. 5º, da CF/88, que acentua, *verbis*:

Art. 5º Todos são iguais perante a lei, sem distinção de qualquer natureza, garantindo-se aos brasileiros e aos estrangeiros residentes no País a inviolabilidade do direito à vida, à liberdade, à igualdade, à segurança e à propriedade, nos termos seguintes:

LXIX — conceder-se-á mandado de segurança para proteger direito líquido e certo, não amparado por *habeas corpus* ou *habeas data*, quando o responsável pela ilegalidade ou abuso de poder for autoridade pública ou agente de pessoa jurídica no exercício de atribuições do Poder Público.

Ao regulamentar tal preceptivo, o art. 1º da Lei n. 12.016/09 deixou claro, e não poderia ser diferente, que tal legitimação ativa se destina às pessoas físicas (*naturais*) e jurídicas.

A jurisprudência[25] e doutrina, por sinal, informam que "a despeito do silêncio da nova lei, outrossim, é irrecusável o entendimento de que a nacionalidade do impetrante, pessoa física ou jurídica, seja indiferente para

---

(25) ADMINISTRATIVO. CONSTITUCIONAL. MANDADO DE SEGURANÇA. ESTRANGEIRO. PERMANÊNCIA IRREGULAR NO PAÍS. TÉRMINO DO PRAZO DO CADASTRO PROVISÓRIO. APLICAÇÃO DE MULTA. CABIMENTO. 1. A permanência irregular de estrangeiro no país, após o término do prazo de validade de registro provisório, enseja a imposição de multa, com amparo no art. 125 da Lei n. 6.815/80. 2. A multa aplicada deve ser paga pelo impetrante por estar caracterizada a situação fática que enseja a sua imposição. A alegação de hipossuficiência não constitui fundamento para a isenção ou redução do valor da penalidade. Inexistência de ato ilegal ou abusivo ou de direito líquido e certo à desconstituição da penalidade. 3. Dá-se provimento à remessa oficial. (TRF-1 — REOMS n. 2.429/AC 2003.30.00.002429-4, Relator: Juiz Federal Rodrigo Navarro de Oliveira, Data de Julgamento: 17.7.2012, 4ª Turma Suplementar, Data de Publicação: e-DJF1 25.7.2012, p. 126).

a impetração, garantida, indistintamente, pelos incisos LXIX e LXX do art. 5º da Constituição Federal"[26], ainda que domiciliadas ou não no Brasil[27].

Afora isso, autoriza-se também tal legitimação às universalidades reconhecidas por lei, que, embora sem personalidade jurídica, possuem capacidade processual para a defesa de seus direitos (*v. g.: o espólio*[28], *a massa falida*[29], *o condomínio de apartamentos*[30], *a herança, a sociedade em comum, a massa do devedor insolvente etc.*).

Além disso, agregue-se também como legitimados ativos os órgãos públicos de grau superior, na defesa de suas prerrogativas e atribuições, os agentes políticos (*governador de estado, prefeito municipal, magistrados, deputados, senadores, vereadores, membros do Ministério Público e Defensoria Pública, membros dos Tribunais de Contas, Ministros de Estado, Secretários de Estado etc.*), na defesa de suas atribuições e prerrogativas.

De outro lado, no tocante à legitimação passiva, exsurge, de logo, esclarecer sê-la da pessoa jurídica[31][32], e não da autoridade coatora. Tal exegese

---

(26) *Op. cit.*, p. 10.
(27) Ao estrangeiro, residente no exterior, também é assegurado o direito de impetrar mandado de segurança, como decorre da interpretação sistemática dos arts. 153, *caput*, da Emenda Constitucional de 1969 e do 5º, LXIX, da Constituição atual. Recurso extraordinário não conhecido. (RE n. 215.267, Rel. Min. Ellen Gracie, julgamento em 24.4.2001, 1ª Turma, DJ 25.5.2001).
(28) ADMINISTRATIVO. PROCESSO CIVIL. SERVIDOR PÚBLICO ESTADUAL FALECIDO. DIFERENÇAS SALARIAIS. LEGITIMIDADE ATIVA DO ESPÓLIO. PAGAMENTO APENAS AOS SERVIDORES ATIVOS E INATIVOS. TRATAMENTO DESIGUAL. RECURSO ORDINÁRIO PROVIDO. 1. O espólio de servidor público e o Estado de Santa Catarina possuem legitimidade ativa e passiva, respectivamente, para figurar em mandado de segurança no qual se busca assegurar que o pagamento de diferenças salariais concedidas nas esferas judicial e administrativa seja realizado na mesma forma que a estabelecida para os servidores ativos e inativos. 2. Ao determinar que o pagamento das diferenças salariais de que trata a Lei Estadual n. 6.740/85 fossem pagas apenas aos servidores ativos e inativos do Tribunal de Justiça do Estado de Santa Catarina, o ato impugnado violou direito líquido e certo do recorrente, porquanto estabeleceu tratamento desigual entre os servidores que teriam direito a receber tal quantia. 3. Recurso ordinário provido. (STJ — RMS n. 18.066/SC 2004/0040746-4, Relator: Ministro Arnaldo Esteves Lima, Data de Julgamento: 7.11.2006, T5 — Quinta Turma, Data de Publicação: DJ 27.11.2006, p. 291).
(29) AGRAVO DE INSTRUMENTO. MASSA FALIDA. MANDADO DE SEGURANÇA. INDEFERIMENTO DE LIMINAR OBJETIVANDO O CANCELAMENTO DE INCLUSÃO NO CADIN. 1. A lide demanda maiores esclarecimentos a fim de se constatar o prejuízo a ser reparado pela inscrição da massa falida no CADIN. 2. Agravo de instrumento improvido. (TRF-4 — AG n. 25.610/PR 1998.04.01.025610-9, Relator: Fábio Bittencourt da Rosa, Data de Julgamento: 15.12.1998, Primeira Turma, Data de Publicação: DJ 20.1.1999, p. 274).
(30) EDIFÍCIO DE APARTAMENTOS. CONDOMÍNIO. SERVIÇO DE ÁGUA. SUSPENSÃO DO FORNECIMENTO POR FALTA DE PAGAMENTO DE CONTA ENGLOBADA, A QUAL NÃO FORA DESDOBRADA POR CULPA DO PRÓPRIO CONDOMÍNIO. MANDADO DE SEGURANÇA DENEGADO. II. RECURSO EXTRAORDINÁRIO NÃO CONHECIDO COM ASSENTO NA SÚMULA N. 283 (STF — RE n. 81.163/SP, Relator: Thompson Flores, Data de Julgamento: 23.9.1975, Tribunal Pleno, Data de Publicação: DJ 31.10.1975 PP-RTJ, v. 79-02, p. 565).
(31) REsp n. 846.581/RJ.
(32) "É nulo o processo de mandado de segurança a partir da falta de intimação, quanto à sentença, da pessoa jurídica de direito público, que é a legitimada passiva para a causa." (STF, RP n. 154/170, 2ª T., AI n. 431.264-AgRg)

decorre do fato de que aquela é que suportará o ônus sucumbencial, afora as disposições contidas nos arts. 6º[33] e 7º da LMS.

Aliás, deduz-se por uma singela leitura da nova *lex* que após prestar as informações, cessa para a autoridade coatora sua intervenção, ratificando a legitimidade atribuída à pessoa jurídica, cabendo àquela se insurgir pela via recursal (art. 14, § 2º) somente se aperceber risco de responsabilidade regressiva, conforme art. 37, § 6º, da CF/88.

Interessante notar que a ação detém a necessidade de indicação enquanto parte passiva, *a priori*, da correta autoridade coatora com poder de revisão da conduta (ação ou omissão) hostilizada e, consequentemente, a pessoa jurídica a que pertença o órgão coator[34].

Para tanto, a LMS acentua no seu art. 6º, § 3º, que "considera-se autoridade coatora aquela que tenha praticado o ato impugnado ou da qual emane a ordem para a sua prática". Em termos práticos, a autoridade coatora não se confunde com o simples executor material do ato, mas sim a quem ordena a prática ou abstenção e consequentemente pode corrigi-lo.

Afinal, conforme ensina Hely Lopes Meirelles:

> Considera-se autoridade coatora a pessoa que ordena ou omite a prática do ato impugnado, e não o superior que o

---

(33) Novo requisito da petição inicial.
(34) "[...] 3. A autoridade coatora, no mandado de segurança, é notificada para prestar informações, cessando sua intervenção, quando oferecidas estas, razão pelo qual a *legitimatio ad processum* para recorrer da decisão deferitória do *mandamus* é do representante da pessoa jurídica a que pertence o órgão supostamente coator. 4. Outrossim, é cediço em sede clássica doutrinária que: 'a parte passiva no mandado de segurança é a pessoa jurídica de direito público a cujos quadros pertence a autoridade apontada como coatora. [...] o ato do funcionário é ato da entidade pública a que ele se subordina. Seus efeitos se operam em relação à pessoa jurídica de direito público'. E, por lei, só esta tem 'capacidade de ser parte do nosso direito processual civil'. E continua o referido autor: 'A circunstância de a lei, em vez de falar na citação daquela pessoa, haver se referido a 'pedido de informações à autoridade coatora' significa apenas mudança de técnica, em favor da brevidade do processo: o coator é citado em juízo como 'representante' daquela pessoa, como notou Seabra Fagundes, e não como parte'." Celso Agrícola Barbi (*Do mandado de segurança*. 10. ed. Rio de Janeiro: Forense, 2000. p. 125). E "a abertura de vista ao apelado é formalidade essencial" (MOREIRA, José Carlos Barbosa. *Comentários ao CPC*. 7. ed. Rio de Janeiro: Forense, v. V, p. 456). 5. "Em tema de mandado de segurança, o coator é notificado para prestar informações. Prestadas estas, sua intervenção cessa. Não tem ele legitimidade para recorrer da decisão deferitória do *mandamus*. A legitimação cabe ao representante da pessoa jurídica interessada" (Acórdão unânime da 1ª T., Rel. Min. Soares Muñoz, RE n. 97.282-9/PA, DJU 24.9.1992" (MEIRELLES, Hely Lopes. *Mandado de segurança*. 20. ed. p. 97) 6. Precedentes: REsp n. 619.461/RS, Rel. Min. Teori Zavascki, DJ 6.9.2004; ROMS n. 14.176/SE, Rel. Min. Félix Fischer, DJ 12.8.2002; REsp n. 601.251/CE, Rel. Min. Franciulli Netto, DJ 4.4.2005; REsp n. 646.253/MA; Rel. Min. Castro Meira, DJ 7.3.2005; REsp n. 647.409/MA, Rel. Min. Luiz Fux, DJ 28.2.2005; EDcl no REsp n. 647.533/MA, Rel. Min. Castro Meira, DJ 27.9.2004. [...] (STJ — REsp n. 842.279/MA 2006/0088160-7, Relator: Ministro Luiz Fux, Data de Julgamento: 3.4.2008, T1 — Primeira Turma, Data de Publicação: DJe 24.4.2008).

recomenda ou baixar normas para sua execução. Não há confundir, entretanto, o simples executor material do ato com a autoridade por ele responsável. Coator é a autoridade superior que pratica ou ordena concreta e especificamente a execução ou inexecução do ato impugnado e responde pelas suas consequências administrativas; [...]. (MEIRELES, Hely Lopes. *Mandado de segurança*. 26. ed. atualizada por Arnoldo Wald e Gilmar Ferreira Mendes. São Paulo: Malheiros, p. 59).

E da dicção do STJ, *litteris:*

PROCESSUAL, ADMINISTRATIVO E CONSTITUCIONAL — MANDADO DE SEGURANÇA — COMPETÊNCIA — DECISÃO DO CNJ — DETERMINAÇÃO DIRETA, CONCRETA E ESPECÍFICA — AUTORIDADE COATORA E MERO EXECUTOR — DECRETO JUDICIÁRIO N. 525/2008 — ILEGITIMIDADE PASSIVA DO TRIBUNAL DE JUSTIÇA — COMPETÊNCIA DO STF. 1. Coatora é a autoridade que pratica ou ordena concreta e especificamente a execução ou inexecução do ato impugnado. 2. Não se confunde o simples executor material do ato com a autoridade superior responsável pelas determinações cumpridas por ele. 3. O CNJ é órgão de controle da atuação administrativa do Judiciário, devendo suas decisões serem cumpridas, principalmente se resultarem em determinações específicas, concretas e diretas, com previsão de prazo para serem cumpridas. 4. Ato normativo de Tribunal de Justiça cumprindo as determinações de decisão do CNJ configura mera execução administrativa, o que torna parte ilegítima o Presidente do Tribunal para fins de mandado de segurança que, em última análise, insurge-se contra a decisão do CNJ. 5. É competente o STF para julgar mandado de segurança impetrado contra o CNJ, conforme o art. 102, I, *r*, da CF. 6. Recurso ordinário não provido. (STJ, Relator: Ministra Eliana Calmon, Data de Julgamento: 15.9.2009, T2 — Segunda Turma)

Ademais, o conceito de autoridade coatora destina-se às autoridades públicas de qualquer dos poderes da União, dos estados, do Distrito Federal e dos municípios, bem como de suas autarquias, fundações públicas, empresas públicas e sociedades de economia mista[35].

A menção realizada pelo § 2º do art. 1º da LMS quanto ao não cabimento do Mandado de Segurança refere-se a questões de cunho privado (*atos de gestão*). Basta exsurgir uma *quaestio* de direito público[36] que se legitima

---

(35) Súmula n. 333, do STJ. "Cabe mandado de segurança contra ato praticado em licitação promovida por sociedade de economia mista ou empresa pública".

(36) Informativo n. 283 do STJ. MS. SOCIEDADE. ECONOMIA MISTA. LICITAÇÃO. A Turma, ao prosseguir o julgamento, entendeu, por maioria, que o dirigente da sociedade de economia mista tem legitimidade para figurar como autoridade coatora em mandado de segurança impetrado contra ato praticado em licitação. Isso porque, tal como aduzido pela Min. Denise Arruda em seu voto-vista, a sociedade de

a impetração do *mandamus,* inclusive de forma preventiva[37]. Imagine-se, para tanto, a cessação do fornecimento de energia por suposta fraude no medidor pela concessionária de energia elétrica, o que se confronta com a norma publicista do art. 22 da Lei n. 8.078/90.

Quanto a tal situação preceptiva e exemplificativa, frise-se que o agente de pessoa jurídica privada será legitimado passivo desde que no exercício de atribuições do Poder Público. Em verdade, só responderá se estiver, por delegação, no exercício de atribuições do Poder Público (*ato de império*), tal como afiança a Súmula n. 510 do STF[38], sendo a autoridade coatora agente delegado (*que recebeu a atribuição*) e não a autoridade delegante (*que efetivou a delegação*).

No tocante ao erro na indicação da autoridade coatora e sua implicância na extinção ou não do feito e o estudo da teoria da encampação, serão objeto de análise em capítulo próprio.

Sobre o litisconsórcio, o art. 24 da LMS trouxe expressa previsão sobre sua possibilidade. Destaque-se, no entanto, quanto sua necessidade de sê-lo formado originariamente (art. 10, § 2º, da LMS), já que depois de despachada a petição inicial, tal ampliação objetiva do polo pode ensejar violação do juiz natural.

Se tal situação se fizer presente, o correto é o manejo de outro Mandado de Segurança, e havendo presença da conexão, rogar pela distribuição por dependência com espeque no art. 253, I, do CPC.

O Ministério Público, de seu lado, também está legitimado a atuar enquanto parte[39] ou *custos legis* (art. 10, da LMS). Na condição de fiscal da

---

economia mista sujeita-se aos princípios da Administração Pública quando promove licitação (art. 173, § 1º, III, da CF/1988) a que está obrigada por força do art. 37, XXI, daquela Carta. Assim, cuida-se, na específica hipótese, de ato de autoridade e não de gestão. Precedentes citados: REsp n. 598.534/RS, DJ 19.9.2005; REsp n. 430.783/MT, DJ 28.10.2002; REsp n. 299.834/MT, DJ 25.2.2002; REsp n. 533.613/RS, DJ 3.11.2003, e REsp n. 122.762/RS, DJ 12.9.2005. REsp n. 683.668/RS, Rel. originário Min. Teori Albino Zavascki, Rel. para acórdão Min. Luiz Fux, julgado em 4.5.2006.

(37) APELAÇÃO CÍVEL E REEXAME NECESSÁRIO — MANDADO DE SEGURANÇA PREVENTIVO — SUSPENSÃO DE FORNECIMENTO DE ENERGIA ELÉTRICA — INDEVIDA — SERVIÇO PÚBLICO ESSENCIAL — ART. 22 DO CDC — SUPOSTO VAZAMENTO DE ENERGIA NA UNIDADE DO CONSUMIDOR — DÉBITO APURADO UNILATERALMENTE — ATO ABUSIVO — DIREITO LÍQUIDO E CERTO FERIDO — RECURSO VOLUNTÁRIO IMPROVIDO — SENTENÇA RATIFICADA (TJ-MS — AC n. 8.873/MS 2005.008873-1, Relator: Des. Paschoal Carmello Leandro, Data de Julgamento: 1º.8.2006, 4ª Turma Cível, Data de Publicação: 28.8.2006).

(38) "Praticado o ato por autoridade, no exercício de competência delegada, contra ela cabe mandado de segurança ou medida judicial."

(39) MANDADO DE SEGURANÇA — PACIENTE IDOSA COM QUADRO CLÍNICO GRAVE — INTERNAÇÃO EM HOSPITAL CONVENIADO AO SUS — AUSÊNCIA DE VAGA — LEGITIMIDADE DO MINISTÉRIO PÚBLICO

lei, caso não se manifeste, a despeito de respeitadas suas prerrogativas[40], estará sujeito a preclusão temporal, já que o parágrafo único, do art. 12, da referida *lex*, em homenagem à celeridade processual que se espera sobre tal remédio heroico, informa que após o exaurimento do prazo os autos serão conclusos ao juiz.

1.5.3. Competência

A Lei n. 12.016/09 não define a competência para apreciação do Mandado de Segurança. Esse fato leva à falsa premissa de que a forma correta seria aplicar o Código de Processo Civil de maneira subsidiária.

Em verdade, a competência para análise do *writ of mandamus* é observada, *a priori*, pela observação de quem é autoridade coatora (*categoria*) e não da natureza da questão ajuizada, embora sempre haja celeuma em certos temas[41][42]. A pessoa jurídica que irá figurar na posição de réu no MS

INTELIGÊNCIA DO ART. 74, I, DA LEI N. 10.741/2003 (ESTATUTO DO IDOSO) — AUSÊNCIA DE ORGANIZAÇÃO DA DEFENSORIA PÚBLICA LOCAL. — O art. 74, III, da Lei n. 10.741/2003 (Estatuto do Idoso) incumbe ao órgão Ministerial o dever de "atuar como substituto processual do idoso em situação de risco". — Entendimento recente do STF é no sentido de que inexistente a instituição da Defensoria Pública em determinado Estado da Federação, pode o Ministério Público exercer as atribuições desta até que seja a mesma organizada, de direito e de fato, nos moldes do art. 134 da própria Constituição e da Lei complementar por ela ordenada. (TJ-MG — Ap. Cív. n. 1.0145.04.162257-5/001, Relator: Silas Vieira, Data de Julgamento: 31.8.2006).

(40) MANDADO DE SEGURANÇA. INTIMAÇÃO PESSOAL DO MINISTÉRIO PÚBLICO. OBRIGATORIEDADE. LEI ORGÂNICA NACIONAL DO MINISTÉRIO PÚBLICO. LEI COMPL. ESTADUAL. ATOS PRATICADOS EM AUDIÊNCIA, NA PRESENÇA DO PROMOTOR DE JUSTIÇA. DESNECESSIDADE DE VISTA DOS AUTOS APENAS PARA APOR CIENTE. I — Constitui prerrogativa dos membros do Ministério Público a obrigatoriedade da sua intimação pessoal, com vista dos autos, de todos os atos processuais praticados na sua ausência. II — Presente o Promotor de Justiça ao ato processual, é de se dizer intimado pessoalmente naquele ato, não havendo necessidade de se fazer vista posterior dos autos. IV — *Mandamus* denegado, para considerar intimado pessoalmente, o Promotor, dos atos a que se fizer presente, independentemente de carga dos autos. (TJ-SE — MS 2.006.103.642/SE, Relator Des. Luiz Antônio Araújo Mendonça, Data de Julgamento: 23.9.2009, Tribunal Pleno).

(41) EMENTA: CONFLITO DE COMPETÊNCIA. AÇÃO ORDINÁRIA. MATRÍCULA EM CRECHE/PRÉ-ESCOLA. DIREITO INDIVIDUAL DE NATUREZA FUNDAMENTAL. NATUREZA ABSOLUTA DA COMPETÊNCIA PREVISTA NO ART. 209 DO ECA. VARA DA INFÂNCIA E JUVENTUDE DADA COMO COMPETENTE. A questão da competência e do respectivo conflito entre as Varas da Infância e Juventude e as Varas Cíveis ou de Família vem de longo tempo no Judiciário do País, e, especificamente, em Minas Gerais. Neste Tribunal o conflito e a polêmica vêm também de longos anos, já tendo provocado até mesmo orientações (antigas) da própria Corte, via Resolução. Entretanto, o Colendo STJ firmou (com fundamento no art. 209 do ECA) a sua orientação ao adotar a tese de ser absoluta a competência do Juizado da Infância e Juventude, embora ainda remanesça dúvida quanto à distinção que se faz naquela Colenda Corte entre algumas hipóteses (ensino fundamental X ensino médio e superior, por ex.). No caso concreto, tratando-se de discussão que envolve o atendimento em creche e pré-escola, não remanesce dúvida sobre a competência

não influencia na indicação do *juiz natural* da causa, mas sim a autoridade coatora, exigindo-se observar o seu papel, a sua função e hierarquia[43].

Para tanto, exigível assinalar que as regras de competência no Mandado de Segurança encontram-se na Constituição Federal[44][45], em Constituições Estaduais[46], nos Códigos de Organização Judiciária e Regimentos Internos dos Tribunais.

No que tange ao local da impetração, esta deve se dar no local onde a autoridade exerce suas funções[47].

Aliás, tal competência é absoluta pelo crivo funcional, não admitindo flexibilização pelo aspecto territorial e, caso não atendida, gera nulidade absoluta.

A questão, por sinal, está umbilicalmente ligada à da legitimidade no polo passivo[48]. E por quê? Deve-se saber se a autoridade indicada tem

---

do eminente Juiz suscitante, da Vara da Infância e Juventude de Governador Valadares (Conflito de Competência n. 1.0000.13.062720-1/000, Relator(a): Des.(a) Wander Marotta, 7ª Câmara Cível, julgamento em 19.11.2013, publicação da súmula em 22.11.2013).
(42) REEXAME NECESSÁRIO — MANDADO DE SEGURANÇA — MATRÍCULA — MENOR — 1º ANO DO ENSINO FUNDAMENTAL — JUÍZO DA INFÂNCIA E JUVENTUDE — SITUAÇÃO DE RISCO — INEXISTÊNCIA — JUÍZO COMPETENTE — VARA DE CÍVEL — NULIDADE DOS ATOS DECISÓRIOS. — A competência em razão da matéria definida pelo art. 148 do Estatuto da Criança e do Adolescente exclui a competência dos juízos cíveis ou de família somente quando os menores se encontrarem em situação de risco, assim definido pelo art. 98, do mesmo Estatuto. (Reexame Necessário-CV n. 1.0024.12.218827-9/002, Relator(a): Des.(a) Dárcio Lopardi Mendes, 4ª Câmara Cível, julgamento em 28.11.2013, publicação da súmula em 4.12.2013).
(43) "[...] 2. A jurisprudência das 1ª, 2ª e 3ª Seções do Superior Tribunal de Justiça possui entendimento pacífico no sentido de que em sede de mandado de segurança a competência é definida pela natureza da autoridade coatora, e não em razão da pessoa do impetrante ou da matéria apreciada no *mandamus*. 3. Conflito conhecido para se declarar competente o Tribunal de Justiça do Estado do Amazonas, o suscitado. (CC n. 47.219/AM, Rel. Ministro José Delgado, Primeira Seção, julgado em 8.3.2006, DJ 3.4.2006, p. 200).
(44) STF — Art. 102, I, *d*, CF/88; STJ — Art. 105, I, *b*, CF/88; TRF — Art. 108, I, *c*, CF/88; Juízes Federais — Art. 109, VIII, CF/88. Vale frisar que a Justiça Eleitoral detém competência para o julgamento de mandado de segurança em matéria eleitoral. É uma exceção, pois aí a competência é estabelecida em razão da matéria. É o que se depreende logicamente do art. 121, § 4º, V, da Constituição Federal.
(45) Confira: Súmulas ns. 623 e 624 do STF; Súmula n. 376 do STJ.
(46) Justiça Estadual — art. 125, § 3º, da CF/88.
(47) *Vide* REsp n. 1.101.738/SP.
(48) "MANDADO DE SEGURANÇA — PRELIMINAR DE INTEMPESTIVIDADE NA PRESTAÇÃO DE INFORMAÇÕES — DIREITO INDISPONÍVEL — EFEITOS DA REVELIA NÃO PRODUZIDOS — DEFEITO DE REPRESENTAÇÃO — CONTESTAÇÃO ASSINADA POR PROCURADOR REGULARMENTE CONSTITUÍDO — AUTORIDADES COATORAS SEM PODERES PARA DESFAZER O ATO ATACADO — ILEGITIMIDADE PASSIVA CONFIGURADA — EXTINÇÃO DO PROCESSO SEM JULGAMENTO DE MÉRITO — DECISÃO ESCORREITA — RECURSO DE APELAÇÃO DESPROVIDO" (TJ-PR, Relator: Ruy Fernando de Oliveira, Data de Julgamento: 22.5.2007, 4ª Câmara Cível).

poderes para desfazer o ato impugnado, ainda que por delegação[49][50] e não a que meramente praticou o ato, como reza o § 3º do art. 6º da Lei n. 12.016/09. Se a resposta for positiva, contra ele cabe o *mandamus*. Se negativa, deve-se perquirir se a autoridade imediata hierarquicamente superior possui tal poder.

Portanto, assentada a *pertinência subjetiva da lide* da autoridade coatora consistente no poder de rever a conduta hostilizada, consequentemente dever-se-á observar a sede onde está lotada e exerce suas atividades. Após, deve-se notar a qualidade da autoridade[51] quanto a sê-la integrada a ente municipal, estadual ou federal para que se obtenha a direção do órgão jurisdicional competente para analisar a *quaestio*.

E de forma derradeira, importante gizar que há uma grande insegurança quanto à extinção do processo ou a declinação da competência quando se verificar a incompetência absoluta, bastando-se ver a ementa *infra*:

---

(49) CONFLITO DE COMPETÊNCIA. MANDADO DE SEGURANÇA. DIRIGENTE DE CONCESSIONÁRIA DE ENERGIA ELÉTRICA. ATO QUE DETERMINOU A SUSPENSÃO DO FORNECIMENTO DE ENERGIA. COMPETÊNCIA DA JUSTIÇA FEDERAL. 1. Cuida-se de conflito negativo suscitado pelo Juízo da Quinta Vara Federal de Ribeirão Preto alegando que, no caso de mandado de segurança impetrado contra dirigente de concessionária de energia elétrica, em face de suspensão no fornecimento de energia elétrica, a competência é da justiça estadual pois a ação volta-se contra ato de gestão administrativa da empresa em questão. 2. A competência para julgar mandado de segurança deve levar em consideração a natureza ou condição da pessoa que pratica o ato e não a natureza do ato em si. Assim, o argumento de que a competência para julgar o feito seria da Justiça Estadual porque o ato praticado pelo dirigente da concessionária teria natureza administrativa não pode prevalecer. No caso de mandado de segurança, a competência está estabelecida no retrocitado art. 109, VIII, da Constituição Federal. Efetivamente, é competência da Justiça Federal processar e julgar os mandados de segurança contra ato de autoridade federal, considerando-se como tal também o agente de empresa concessionária de serviços públicos de energia elétrica, quando pratica o ato no exercício de função federal delegada. No caso de empresa concessionária dos serviços públicos de energia elétrica, o poder concedente é a União, conforme decorre do art. 21, XII, 'b', da Constituição. 3. Conflito conhecido para declarar a competência da Justiça Federal. (STJ — Relator: Ministro José Delgado, Data de Julgamento: 22.2.2006, S1 — Primeira Seção).
(50) Súmula n. 510 do STF. "Praticado o ato por autoridade, no exercício de competência delegada, contra ela cabe o mandado de segurança ou a medida judicial".
(51) Embargos de declaração. Omissão. Mandado de segurança. Qualidade da autoridade coatora. Competência da Justiça Comum. Art. 114, CF. Não incidência. A competência para julgamento do mandado de segurança é definida pela qualidade da autoridade coatora e não em razão da matéria. Na Justiça do Trabalho, será processado mandado de segurança impetrado tão somente se impetrado contra atos dos próprios juízes, membros da Justiça trabalhista, serventuários na prática tanto no exercício da função jurisdicional quanto administrativa. No presente caso, o mandado de segurança impetrado contra ato de Prefeito Municipal foge das mencionadas hipóteses de admissibilidade de mandado de segurança na Justiça Trabalhista, devendo a presente demanda ser julgada pela Justiça Comum Estadual, sendo irrelevante o fato de tratar-se de matéria trabalhista, bem como o regime jurídico do servidor. Embargos acolhidos para suprimento da omissão. (TJ-PR — EMBDECCV n. 194.636/PR. Embargos de Declaração Cível n. 0019.463-6/01, Relator: Pericles Bellusci de Batista Pereira, Data de Julgamento: 16.11.2004, 1ª Câmara Cível, Data de Publicação: 6.12.2004, DJ 6760).

MANDADO DE SEGURANÇA — INCOMPETÊNCIA ABSOLUTA — DECLARAÇÃO *EX OFFICIO* — EXTINÇÃO DO PROCESSO DECRETADA. A competência absoluta pode e deve ser decretada *ex officio*, porém, se a segurança foi impetrada originalmente neste Tribunal, quando competente ao seu conhecimento é o Juiz de Direito, erige-se óbice a remessa do feito ao mesmo, impondo que o processo seja extinto sem o julgamento do mérito, com a cassação dos atos decisórios nele praticados. Processo extinto. V.V. MANDADO DE SEGURANÇA — INCOMPETÊNCIA ABSOLUTA — REMESSA DOS AUTOS AO JUÍZO COMPETENTE — ART. 113, § 2º, DO CPC — ART. 106, INCISO I, ALÍNEA C, DA CONSTITUIÇÃO ESTADUAL. É manifesta a incompetência deste Egrégio Tribunal de Justiça para processar e julgar originariamente o presente *mandamus*, uma vez que a matéria aqui tratada não está inserida na competência originária estabelecida pela Constituição Estadual, art. 106, inciso I, alínea *c*. Dispõe o art. 113, § 2º, do CPC, que a incompetência absoluta deve ser declarada de ofício e pode ser alegada em qualquer tempo e grau de jurisdição, devendo os autos serem remetidos ao juiz competente. Declinar da competência, determinando a remessa dos autos à comarca de origem para o devido prosseguimento. (TJMG — Acórdão n. 1.0000.04.416318-6/000 (1) — Relator: Batista Franco, Data de Julgamento: 13.9.2005)

1.5.4. Inicial e notificação

Assim como o art. 282 do CPC dita as diretrizes para formação de uma petição inicial apta, o art. 6º da Lei n. 12.016/09 estabelece os seguintes parâmetros para o Mandado de Segurança, *litteris*:

> Art. 6º A petição inicial, que deverá preencher os requisitos estabelecidos pela Lei processual, será apresentada em 2 (duas) vias com os documentos que instruírem a primeira reproduzidos na segunda e indicará, além da autoridade coatora, a pessoa jurídica que esta integra, à qual se acha vinculada ou da qual exerce atribuições.
>
> § 1º No caso em que o documento necessário à prova do alegado se ache em repartição ou estabelecimento público ou em poder de autoridade que se recuse a fornecê-lo por certidão ou de terceiro, o juiz ordenará, preliminarmente, por ofício, a exibição desse documento em original ou em cópia autêntica e marcará, para o cumprimento da ordem, o prazo de 10 (dez) dias. O escrivão extrairá cópias do documento para juntá-las à segunda via da petição.

De modo específico exsurge a peculiaridade de se apresentar a peça de ingresso em 2 (duas) vias, com observação de se poder gerar a oferta de outras, devendo, para tanto, ser considerado o número de autoridades coatoras.

Além disso, deve-se atentar que a cópia da inicial deverá ser instruída com cópia dos documentos que instruírem a primeira, tendo como destinatária a autoridade coatora (art. 7º, I). O órgão de representação judicial da pessoa jurídica interessada, além de ser indicado, deverá receber também, como destinatário, uma cópia da peça de ingresso, mas sem os documentos (art. 7º, II).

Quanto ao pedido de especificação de provas, tem-se que fica parcialmente prejudicado, por se tratar de ação que não comporta dilação probatória. É dizer: o impetrante deverá demonstrar, já com a petição inicial, no que consiste a ilegalidade ou a abusividade que pretende ver expungida do ordenamento jurídico, sob pena de indeferimento (art. 10 da Lei do MS), não havendo espaço para que demonstre sua ocorrência no decorrer do procedimento. A única exceção é a regulada pelo § 1º do art. 6º mencionado que institui em favor do impetrante protesto específico de prova documental. Advirta-se que a situação de possível indeferimento deve se curvar à possibilidade contida no art. 284 do CPC.

Com isso, deferida a petição inicial e não sendo o caso de julgamento imediato, a autoridade coatora será notificada e oportunizado a ciência do feito ao órgão de representação judicial da pessoa jurídica interessada (art. 7º, I e II, da Lei n. 12.016/09).

Embora haja a menção notificada e ciência, o certo é que, em termos práticos, respectivamente, a autoridade é intimada a esclarecer os fatos (reação que dispensa capacidade postulatória para este ato) e o ente público citado visando integrar o feito e, com isso, querendo, ofertar a defesa do ato hostilizado, mormente por ser o destinatário direto dos ônus da sentença.

Interessante que de forma distinta das ações cíveis comuns (art. 267, § 4º, do CPC), o Mandado de Segurança, segundo pacífica dicção jurisprudencial mesmo após a angularização do feito, permite ao impetrante a desistência da ação, inclusive em sede de recurso independente de aquiescência da autoridade coatora e/ou pessoa jurídica acionada.

A propósito, veja-se:

AG. REG. NO RE N. 550.258-SP. RELATOR: MIN. DIAS TOFFOLI — EMENTA: Agravo regimental no recurso extraordinário. Mandado de segurança. Desistência a qualquer tempo. Possibilidade. 1. A matéria teve sua repercussão geral reconhecida no RE n. 669.367, de relatoria do Ministro Luiz Fux, com julgamento do mérito em 2.5.2013. Na assentada, o Tribunal reafirmou a assente jurisprudência da Corte de que é possível desistir-se do mandado de segurança após a sentença de mérito, ainda que seja favorável ao impetrante, sem anuência do impetrado. 2. Agravo regimental não provido.

1.5.5. Liminar

Imanente ao perfil célere (*visa impedir e ou desconstituir ato abusivo*) e do acervo probatório pré-constituído do Mandado de Segurança, inegável estar este agregado da possibilidade de o julgador conceder medidas antecipatórias e acautelatórias emergenciais em prol do impetrante. Isso se dá por expressa disposição legal contida no art. 7º, III, da nova lei.

Em síntese, como afiançado pelo jurista Cassio Scarpinella Bueno: "para a concessão da liminar, o impetrante deverá convencer o magistrado de que é portador de melhores razões que a parte contrária, que o ato coator é, ao que indica, realmente abusivo"[52].

Legalmente, tal menção doutrinária se refere ao *fundamento relevante* que se espera conter a inicial, ou seja, repita-se: a indicação do ato abusivo e a certeza de que, mesmo após o contraditório postergado, os fatos narrados na inicial não serão modificados.

Outrossim, exsurge também a necessidade de se clarificar outra condição, qual seja, o *risco de ineficácia da medida* caso o dano que se pretende evitar puder se consumar antes do provimento final. Imagine, *v. g.*, a situação de candidatos aprovados em concurso público que possam sofrer com a demora da nomeação, qual seja, a perda do próprio direito com o término do prazo de validade do concurso. Certamente se ultrapassado o prazo, estariam alijados do concurso, gerando, nesses casos, a necessidade de postular, também, por não poderem as partes ser prejudicadas pela morosidade processual, a reserva das respectivas vagas até o julgamento do mérito do *mandamus*[53].

Aqui, por sinal, mister a inclusão de uma ponderação da chamada *distribuição do ônus do tempo*[54], no sentido de exigir do magistrado uma análise

---

(52) *Op. cit.*, p. 40.
(53) "RECURSO ORDINÁRIO EM MANDADO DE SEGURANÇA. CONCURSO PÚBLICO. CANDIDATA APROVADA FORA DO NÚMERO DE VAGAS. NOMEAÇÃO DE CANDIDATO APROVADO MAS INTEGRANTE DE LISTA DE CLASSIFICAÇÃO DIVERSA. PRETERIÇÃO COMPROVADA. DIREITO LÍQUIDO E CERTO VIOLADO. I — O candidato aprovado em concurso público possui apenas expectativa de nomeação, que se converte em direito quando houver quebra na ordem classificatória ou em caso de contratação temporária. [...]." (STJ — RMS n. 23.897/RJ, 5ª Turma, Relator Ministro Félix Fischer, j. 22.5.2007, DJ 29.6.2007, p. 669).
(54) MANDADO DE SEGURANÇA. EXECUÇÃO PROVISÓRIA. PRINCÍPIO DA ISONOMIA. DISTRIBUIÇÃO EQUITATIVA DO ÔNUS DA DURAÇÃO DO PROCESSO. EFETIVIDADE DA DECISÃO JUDICIAL. Os modernos processualistas ressaltam que a questão do tempo é absolutamente inseparável da noção de processo, especialmente em razão de a celeridade processual haver sido alçada à condição de direito fundamental, com a inserção do inciso LXXVIII no seio do art. 5º da Constituição Federal. O processo, em obediência ao princípio da isonomia, não pode deixar de distribuir segundo a equidade o ônus do tempo entre os litigantes, pois a demora em seus trâmites, por si só, prejudica o autor que tem razão. Sob essa ótica, atribuir unicamente ao trabalhador o ônus da espera é ir de encontro àquele princípio — isonomia —, que se afigura como um dos mais importantes da Constituição Cidadã. Nesse prisma, se o juiz declara

a respeito de sobre qual das partes deverá recair o encargo de aguardar o desfecho processual, principalmente por não ser a presente via processual contentadora com mera reparação pecuniária.

Quanto à possibilidade de se conceder a liminar para o controle de atos omissivos, imperioso frisar que plenamente possível, não havendo falar-se em ingerência ao princípio da separação dos poderes, tanto que editada súmula pelo STF n. 429 sinalizando tal possibilidade.

1.5.5.1. Recorribilidade da decisão

A rigor, a antiga Lei do Mandado de Segurança (n. 1.533/51) apenas mencionava o cabimento da apelação contra as decisões que indeferiam a inicial e as que apreciavam o mérito, *ex vi legis* dos arts. 8º e 12, referindo-se à aplicabilidade da legislação processual de forma restrita ao instituto do litisconsórcio (art. 19).

Dessa forma, instaurou-se uma celeuma sobre o uso subsidiário dos dispositivos do CPC, sendo uma corrente a favor, por haver necessidade do uso de instrumentos capazes de elidir decisões provisórias geradoras de danos irreparáveis[55] e, de outro, no sentido da impossibilidade[56].

Com efeito, nada obstante tal situação, a nova lei foi expressa ao estatuir no § 1º, do art. 7º, que:

> § 1º Da decisão do juiz de primeiro grau que conceder ou denegar a liminar caberá agravo de instrumento, observado o disposto na Lei n. 5.869, de 11 de janeiro de 1973 — Código de Processo Civil.

Assim, resta-se pacífico a recorribilidade da decisão interlocutória em sede de Mandado de Segurança, frisando-se que a indicação da espécie recursal agravo de instrumento, contida no gênero agravo, se deve, é óbvio, pela celeridade inerente dessa modalidade de ação constitucional (art. 20 da Lei n. 12.016/2.009). Ressalte-se que nada impede ao eventual relator do recurso, desde que haja fundamentação, convertê-lo da via de instrumento para a retida (*agravo*).

---

a existência do direito, não há razão para o vindicante ser obrigado a suportar — sozinho — o tempo do recurso. A sentença, até prova em contrário, é ato legítimo e justo, principalmente quando corroborada por acórdão de tribunal imediatamente superior. Sendo assim, mais ainda a decisão da Justiça deve poder realizar os direitos e interferir na vida das pessoas, para que o processo seja efetivo e a função do juiz valorizada. [...] (TRT-13 — MS n. 131.182/PB 00411.2011.000.13.00-5, Relator: Ana Maria Ferreira Madruga, Data de Julgamento: 14.2.2012, Tribunal Pleno, Data de Publicação: 24.2.2012).
(55) REsp n. 829.938/RJ.
(56) REsp n. 468.147/RS.

Se a decisão for do relator, nos casos de competência originária, o recurso cabível é o agravo interno ou o regimental, segundo previsão dos arts. 10, § 1º, e 16, parágrafo único, prejudicando, de forma ulterior, a Súmula n. 622 do STF.

Nada impede, ainda que cabível a recorribilidade pelo agravo de instrumento, o uso de outros controles de decisão judicial, a exemplo da Suspensão de Segurança (art. 15 da LMS) e do instituto da Reclamação, mas desde que tenham contornos de cabimento e pretensão distintos daqueles pertinentes ao agravo, pena de se ferir o princípio da unicidade dos recursos, afora a dicção, *mutatis mutantis*, da Súmula n. 267 do STF.

É o que fica bem claro nos seguintes julgados:

AGRAVO REGIMENTAL. RECLAMAÇÃO. NÃO CABIMENTO. A Seção negou provimento ao agravo regimental na reclamação, sob o argumento de que a reclamação é um remédio destinado a preservar a competência do STJ ou a garantir a autoridade de suas decisões nos termos do art. 105, I, *f*, da CF/1988. No caso, o reclamante insurge-se contra ato de natureza executiva proferido pelo presidente da Terceira Seção desta Corte, que indeferiu pedido de imediato cumprimento da ordem concedida em mandado de segurança anteriormente julgado, circunstância essa em que não se admite a propositura de reclamação, porquanto incabível como sucedâneo de recurso. AgRg na Rcl 2.148-DF, Rel. Min. Arnaldo Esteves Lima, julgado em 14.6.2006. (Informativo n. 288)

PROCESSUAL — RECURSO — LIMINAR EM MANDADO DE SEGURANÇA — SUSPENSÃO — PRINCÍPIO DA UNICIDADE DOS RECURSOS. Quando se tratar de pessoa jurídica de direito público, para evitar grave lesão à ordem, à saúde, à segurança e à economia públicas, o recurso próprio para impugnar a decisão que concede liminar em mandado de segurança é o pedido de suspensão da liminar e não o agravo de instrumento. Recurso improvido. (REsp 175360/DF, Rel. Ministro Garcia Vieira, Primeira Turma, julgado em 22.9.1998, DJ 9.11.1998, p. 33)

1.5.5.2. Restrições ao poder de conceder a ordem liminarmente

A nova Lei também trouxe hipóteses de vedação no seu § 2º, art. 7º, quanto à concessão da liminar, situação esta chancelada pelo STF.

Toda as situações assinaladas na lei, em verdade, trazem pretensões com repercussão econômica, o que de há muito restou afastada desse tipo de ação por ter esta viés probatório restrito e pré-constituído, assim como não ser sucedâneo de ação de cobrança com efeitos pretéritos (Súmulas ns. 269 e 271 do STF), prestando-se apenas para solucionar o direito de fundo[57].

Interessante esclarecer que a jurisprudência vem diferenciando em termos práticos o seguinte. A lei vedou a despesa com novos benefícios, e não o restabelecimento do indevidamente extirpado.

É o que se dessume da interpretação do TJMG:

AGRAVO DE INSTRUMENTO — MANDADO DE SEGURANÇA — ADMINISTRATIVO — LEI MUNICIPAL N. 6.224/2011 — INSTITUTO DE PREVIDÊNCIA MUNICIPAL DE GOVERNADOR VALADARES — TRANSFERÊNCIA DA RESPONSABILIDADE PELOS PROVENTOS DE APOSENTADORIA E PENSÕES — AUSÊNCIA DE PAGAMENTO — VERBA DE NATUREZA ALIMENTAR — RELEVÂNCIA DOS FUNDAMENTOS E URGÊNCIA DEMONSTRADOS — REQUISITOS DO ART. 7º, III, DA LEI N. 12.016/09. ATENDIDOS. 1. Inexistindo identidade de objeto e de causa de pedir, descabida a arguição de conexão e de incompetência do juízo, mormente em se tratando de ações mandamentais impetradas por partes distintas, sem dependência direta entre os *mandamus*. 2. A norma do art. 7º, § 2º, da Lei n. 12.016/2009, que traz exceções à concessão de liminar em mandado de segurança, deve ser interpretada restritivamente, razão pela qual só incide no caso de novos pagamentos a servidores, não abarcando as hipóteses de restabelecimento de vantagens pecuniárias indevidamente suprimidas. 3. A natureza previdenciária da demanda, bem como o caráter alimentar da verba pleiteada, também afastam a tese de impossibilidade de concessão da tutela de urgência. 4. A Lei Municipal n. 6.224/2011 goza de presunção de constitucionalidade e legitimidade, até que seja desconstituída pela via adequada, afigurando-se ilegal seu descumprimento pelo IPREM/GV. 5. Relevância dos fundamentos levantados pelo impetrante e urgência no provimento liminar. Atendimento aos requisitos do art. 7º, III, da Lei n. 12.016/09. Manutenção da decisão de primeira instância. 6. Recurso não provido. (Agravo de Instrumento Cv 1.0105.12.008280-2/001, Rel. Des.(a) Áurea Brasil, 5ª Câmara Cível, julgamento em 28.6.2012, publicação da súmula em 9.7.2012).

No Mandado de Segurança Coletivo exsurge outra peculiaridade, qual seja, a liminar somente poderá ser concedida após a intimação do representante judicial da pessoa de direito público, que deverá se pronunciar no prazo de 72 (setenta e duas) horas, tal como se antevê do art. 22, § 2º, da LMS, que traduz um contraditório imediato.

E como observância final mencione-se que a dicção sobre o tema citado é de que tais restrições atingem não só a concessão da liminar, mas também

---

(57) Destarte, as Leis ns. 4.348/64, 2.770/56, 5.021/66, 8.437/92 e 9.494/97 acabam por trazer outros variados limitadores de concessão de liminares em desfavor da fazenda pública.

os efeitos imediatos da sentença mandamental, impedindo, pois, a execução provisória.

1.5.5.3. INEXISTÊNCIA DE DISCRICIONARIEDADE

A assertiva da discricionariedade do julgador quanto à concessão da liminar é de suma importância.

O estudado instrumento processual constitucional, por si só, já detém de forma textual a esperada celeridade na prestação jurisdicional.

De outro lado, não se pode engessar as decisões judiciais, por ter o julgador a prerrogativa de exercer o seu mister sob o livre convencimento motivado (art. 93, IX, da CF).

A tônica que deve gizar a apreciação da liminar é que, se estão presentes os pressupostos autorizadores, quais sejam, a relevância do fundamento e o perigo da demora, assim como o perecimento do direito de concedida a ordem a final, o magistrado só disporá de uma possibilidade: concedê-la.

Destaque-se que diante do atual congestionamento judicial, imperioso adotar-se no ato de qualquer julgamento decisório a cognominada distribuição do *ônus do tempo*[58], que exige a valoração sobre quais dos litigantes deverá recair a morosidade processual na prestação jurisdicional.

Em situações que gravitem a ponderação de valores inerentes, *v. g.*, a saúde, evidente que a concessão deva ser imediata, por haver possibilidade de perecimento, às vezes, do bem jurídico vida. Caso se verifique, ao final, pela não concessão, poderá o acionado volver-se das vias regressivas em desfavor do impetrante.

Daí a ponderação da aludida *distribuição do ônus do tempo*[59], que vai de encontro à própria leitura constitucional de efetividade e celeridade que se espera do tema (art. 5º, LXXVIII).

---

[58] "[...] 5) Inquestionável a possibilidade da concessão da tutela na sentença, com a finalidade de subtrair o efeito suspensivo da apelação. 6) Desnecessárias as ponderações da requerida acerca da natureza da indenização por danos morais, uma vez que é evidente a necessidade do requerente em obter logo a verba, já que se trata de indivíduo de poucos recursos financeiros, que desde tenra idade trabalha para auxiliar no sustento de sua família. A tutela antecipada foi utilizada também como instrumento de distribuição do ônus do tempo do processo, considerando a postura procrastinatória adotada pela requerida. [...]" (STJ — REsp n. 1.152.019, Relator: Ministro Sidnei Beneti, Data de Publicação: DJe 9.4.2010).
[59] O tempo do processo deve se voltar contra a parte que tem necessidade da instrução da causa para demonstrar a sua alegação. Se é preciso distribuir o tempo do processo de acordo com a necessidade da instrução probatória, esta distribuição pode ser feita através da concepção de um procedimento

A fortiori:

AGRAVO DE INSTRUMENTO — MANDADO DE SEGURANÇA — SAÚDE PÚBLICA — FORNECIMENTO DO MEDICAMENTO AMINAFTONE 75MG (CAPILAREMA 75MG) PARA ENFERMA HIPOSSUFICIENTE — LIMINAR CONCEDIDA —DISCRICIONARIEDADE DO JUIZ — NÃO DEMONSTRADA A ILEGALIDADE DO ATO DE DEFERIMENTO DA LIMINAR OU O ABUSO DE PODER DO MAGISTRADO — PRESENÇA DE VEROSSIMILHANÇA E FUNDADO RECEIO DE DANO IRREPARÁVEL — DECISÃO MANTIDA —AGRAVO NÃO PROVIDO. (TJ-SP — AI: 356278520118260000 SP 0035627-85.2011.8.26.0000, Relator: Leme de Campos, Data de Julgamento: 28.3.2011, 6ª Câmara de Direito Público, Data de Publicação: 7.4.2011).

Ademais, frise-se que em sede de Mandado de Segurança não há espaço para decisões postergadoras da apreciação da liminar depois da eventual oferta de resposta, porque contrário a sua esperada celeridade. Ou se decide ou se nega, sempre com devida fundamentação.

Sob esse prisma, lapidar o presente precedente:

PROCESSO CIVIL. MANDADO DE SEGURANÇA. LIMINAR. FUNDAMENTAÇÃO. ATO NÃO DISCRICIONÁRIO. EXAME DA CONCESSÃO. 1. A concessão de liminar não e ato discricionário do juiz. Preenchidos os pressupostos para sua concessão, o juiz não pode negá-la, pois a ela o impetrante tem direito subjetivo, que lhe deve ser assegurado. A liminar não pode ser concedida com abuso, como também com abuso não pode ser negada. Tanto em uma ou em outra hipótese, há legalidade. 2. A jurisprudência e a doutrina se firmaram no sentido de que o juiz não pode conceder ou negar liminar, sem justificar a decisão. Isto constitui abuso, ilegalidade. 3. A liminar e concedida num exame perfunctório da causa, sem um exame aprofundado, quando o direito do impetrante resulta límpido, claro. Caso contrário, manda o bom senso que o exame da questão seja feito no julgamento final, na sentença. (TRF-1 — MS n. 18.224/DF 95.01.18224-0, Relator: Juiz Tourinho Neto, Data de Julgamento: 14.11.1995, Segunda Seção, Data de Publicação: 11.12.1995. DJ p. 85806)

---

especial ou de uma técnica que atue no interior do procedimento comum. O procedimento especial, contudo, parte do pressuposto de que existe uma situação específica que requer tratamento processual diferenciado. Entretanto, se todos concordam que o autor não pode pagar pelo tempo que serve ao réu, não há como supor que apenas algumas situações específicas podem exigir técnica que permita a distribuição do ônus do tempo do processo. Melhor explicando: a necessidade de distribuição do ônus do tempo processual não constitui situação especial, mas sim algo absolutamente comum a toda e qualquer situação de direito substancial, motivo pelo qual o procedimento comum deve ser dotado de técnica processual capaz de permitir a distribuição do tempo do processo (Cf. MARINONI, Luiz Guilherme. *Abuso de defesa e parte incontroversa da demanda*, cit., p. 109 e ss.).

1.5.5.4. Perempção da tutela de urgência

Está expresso na redação do inciso XXXV do art. 5º da Constituição Brasileira, nos seguintes termos: "a Lei não excluirá da apreciação do poder judiciário lesão ou ameaça a direito".

Desta forma, é garantido a qualquer pessoa se valer do Poder Judiciário toda vez que o seu direito tiver sido lesado ou ameaçado de lesão.

Aliás, o Brasil adotou o sistema de jurisdição única. Somente a via judicial pode garantir, de forma definitiva, declaração e efetivação de um direito quando provocado por alguém que se veja diante de uma pretensão resistida.

No entanto, inversamente a tal postulado, verifica-se também a ocorrência da perempção, consistente na perda do direito de ação, pelo que se antevê do art. 268, parágrafo único, e art. 806, ambos do CPC, referindo-se, respectivamente, ao processo de conhecimento e cautelar.

E somando-se a tais previsões a *novel* Lei de Mandado de Segurança estatui tal instituto no art. 8º, acentuando que:

> Art. 8º Será decretada a perempção ou caducidade da medida liminar *ex officio* ou a requerimento do Ministério Público quando, concedida a medida, o impetrante criar obstáculo ao normal andamento do processo ou deixar de promover, por mais de 3 (três) dias úteis, os atos e as diligências que lhe cumprirem.

Duas observações devem ser feitas ao preceptivo em comento, sendo a *primeira* no sentido de que eventual falha processual decorrente da morosidade processual não pode ser imputada à parte, o que se consta pela correlação da Súmula n. 106 do STJ[60]. Outra é a de que para que se possa considerar perempta a tutela de urgência, exigível a intimação pessoal da parte para adotar as medidas determinadas, com espeque analógico do § 1º do art. 267 do CPC, pena de se ferir a indispensável dialeticidade processual, mormente por se tratar de uma sanção processual.

Nesse sentido, vale destacar a seguinte decisão do TJES:

MANDADO DE SEGURANÇA — EXTINÇÃO DO PROCESSO SEM A RESOLUÇÃO DO MÉRITO — IMPOSSIBILIDADE — CITAÇÃO DOS LITISCONSORTES NECESSÁRIOS PROMOVIDA PELO AUTOR — PEREMPÇÃO

---

(60) Súmula n. 106/STJ. "Proposta a ação no prazo fixado para o seu exercício, a demora na citação, por motivos inerentes ao mecanismo da justiça, não justifica o acolhimento da arguição de prescrição ou decadência".

OU CADUCIDADE DA LIMINAR — NÃO CARACTERIZAÇÃO — SITUAÇÕES EXCEPCIONAIS — AUSÊNCIA DOS REQUISITOS — CONCURSO PÚBLICO — CANDIDATO APROVADO — DIREITO À NOMEAÇÃO — NÃO OBSERVÂNCIA À ORDEM CLASSIFICATÓRIA — DIREITO LÍQUIDO E CERTO CONFIGURADO — PARTICIPAÇÃO POR FORÇA DE DECISÃO JUDICIAL — SITUAÇÃO FÁTICA CONSOLIDADA — TEORIA DO FATO CONSUMADO — APLICABILIDADE — PRECEDENTES DO STJ — SEGURANÇA CONCEDIDA. 1 — O CPC ao determinar que o autor promova a citação dos litisconsortes necessários, não o transforma em oficial de justiça, nem lhe outorga competência para efetivar o ato de comunicação processual. Promover a citação nos termos do art. 47, parágrafo único, do CPC significa requerê-la, indicar o nome e o endereço dos citandos, fornecer os documentos necessários e pagar as despesas dela decorrentes. Não se pode exigir das partes, nem de seus advogados, que assumem o múnus reservado à direção do Tribunal, fiscalizando a morosidade das serventias judiciais. 2 — O juiz deve aplicar *ex officio* a pena de decretação da perempção ou caducidade da medida liminar deferida em Mandado de Segurança (art. 8º da Lei n. 12.016/2009), mas sempre depois de haver determinado a intimação pessoal do titular do direito substancial postulado, com indicação expressa no mandado da penalidade a ser aplicada em caso de contumácia, sob pena de violar a finalidade da norma, o devido processo legal e o contraditório. Somente depois de dar-lhe oportunidade para sanar a irregularidade e diante da sua inércia ou ineficácia de medidas por ele tomadas é que se poderá sancioná-lo. 3 — Por ser uma penalidade que impõe consequências ao próprio direito material *sub judice*, somente poderá ser aplicada em situações excepcionais. O comportamento processual das partes é importantíssimo, mas não pode se sobrepor ao direito material analisado. Sendo evidente o direito material pleiteado, não é lícito, ainda que a parte não tenha agido com zelo, desviar a solução natural do processo se as formalidades para o apenamento processual não foram rigorosamente seguidas. [...]. (TJES, Classe: Mandado de Segurança, 100930003072, Relator: Manoel Alves Rabelo, Órgão julgador: Tribunal Pleno, Data de Julgamento: 10.2.2011, Data da Publicação no Diário: 22.2.2011) (TJ-ES — MS: 100930003072 ES 100930003072, Relator: Manoel Alves Rabelo, Data de Julgamento: 10.2.2011, Tribunal Pleno, Data de Publicação: 22.2.2011)

1.5.5.5. O CONDICIONAMENTO DA LIMINAR

O Mandado de Segurança, como já mencionado à exaustão, é uma ação constitucional e, assim, existe uma grande discussão sobre a possibilidade de se restringir, em lei, tal remédio. No cerne desse debate, portanto, encontra-se a faculdade concedida ao juiz para exigir do impetrante caução, fiança ou depósito, com o objetivo de assegurar o ressarcimento à pessoa jurídica (art. 7º, III, da Lei n. 12.016/09).

Tal dispositivo, nada obstante a celeuma que gravita sobre o tema, exige, longe de um apontamento de inconstitucionalidade, uma verdadeira interpretação sistemática.

Em verdade, a regra indica uma faculdade, o que afasta a obrigatoriedade (*solve et repete*) ao julgador no sentido de exigir não um condicionante a concessão da medida, mas uma cautela para que se possa, em certos casos, garantir ressarcimento a pessoa jurídica caso o pedido do impetrante seja rejeitado.

É o que antes mesmo de tal previsão já exortava o STJ:

MANDADO DE SEGURANÇA. LIMINAR. CAUÇÃO. — A exigência de caução, condicionando a eficácia da liminar, insere-se no poder cautelar do juiz. Inexistência, na hipótese, de ilegalidade ou abuso de poder. (STJ — RMS n. 439/SP 1990/0005033-2, Relator: Ministro Américo Luz, DJ 15.12.1992, T2 — Segunda Turma, Data de Publicação: DJ 24.5.1993 p. 9953).

Não se trata, pois, de um requisito, mas cautela calcada no imanente poder geral de cautela do juiz, que também ostenta preceito constitucional (art. 5º, XXXV) e previsão geral para as ações civis (art. 805 do CPC).

O cuidado, em verdade, a que se deve ater nos casos concretos é o de se averiguar se a caução está sendo exigida como requisito, o que é vedado. Se as condições autorizadoras para concessão da liminar estiverem presentes, sua concessão é medida que se impõe, até porque, se assim não o fosse, tal instrumento destinar-se-ia somente aos mais abastados.

A matéria, em verdade, foi e é controvertida, exigindo um estudo mais diante do aspecto concreto, principalmente na seara fiscal (*vide, v. g.*, a Súmula Vinculante n. 28 do STF).

Frise-se, pois, que longe de qualquer inconstitucionalidade, a adoção de tal preceito consagra a possibilidade de se garantir o interesse público, que se sobrepõe sobre o privado, na hipótese de se causar danos ao erário. Tão só! Não se pode, no entanto, perder de vista que a exigência só é exigível caso verificado o perigo, pelo juiz, no caso concreto. Daí a exigência da sua aplicação de modo comedido.

1.5.5.6. Eficácia temporal da liminar

De uma forma bem objetiva, a nova lei expressa, no seu art. 7º, § 3º, que os efeitos da medida liminar, salvo se revogada ou cassada, persistirão até a prolação da sentença.

A despeito dessa orientação, deve o juiz, por ocasião da sentença, declarar expressamente que a liminar concedida subsiste até final decisão (até o trânsito em julgado), caso interposto recurso, para evitar prejuízo à parte, na hipótese de vir a ser reconhecido o direito líquido e certo e concedida a segurança ao final.

Se não o faz expressamente, deve-se presumir que a liminar permanece íntegra, e não que tenha sido revogada, pelos mesmos motivos anteriormente elencados. Afinal, se pela atividade cognitiva sumária antecipou os efeitos da tutela, inegável que, ao não mencionar a revogação expressamente, tem-se que ela se mantém, mormente por ter externado sua decisão, agora, por cognição exauriente.

Se o juiz, na sentença denegatória, cassa ou revoga expressamente a medida liminar, deve necessariamente atribuir efeito suspensivo (acaso requerido) à apelação (acaso interposta), para resguardar o direito que tutelou pela liminar.

Nesse caso, é de bom alvitre que declare expressamente a extensão do efeito suspensivo à liminar cassada, ditando sua subsistência até decisão final do processo, posto que inaplicável a Súmula n. 405[61] do STF, definitivamente superada[62], mormente, *mutatis mutandis*, pela dicção da recente Súmula n. 626[63], do referido órgão de superposição.

Caso não o faça, caberá ao impetrante lesado ajuizar ação cautelar junto ao tribunal competente para a revisão em segundo grau de jurisdição, imediatamente após protocolado o recurso perante o juízo de origem, sem prejuízo de analisar a possibilidade do manejo de Agravo de Instrumento. O relator nomeado concederá nova liminar ou atribuirá efeito suspensivo ao recurso, firmando a competência pela conexão para conhecimento da apelação, quando distribuída perante o tribunal.

---

(61) Súmula n. 405. "Denegado o mandado de segurança pela sentença, ou no julgamento do agravo, dela interposto, fica sem efeito a liminar concedida, retroagindo os efeitos da decisão contrária".
(62) "MANDADO DE SEGURANÇA. MATÉRIA FISCAL. MANUTENÇÃO DE LIMINAR EM OUTRA SEGURANÇA, CONCEDIDA MEDIANTE GARANTIA FIDEJUSSÓRIA, POSTERIORMENTE CASSADA, COM A DENEGAÇÃO DA ORDEM. INAPLICAÇÃO DA SÚMULA N. 405 DO STF. I — Configurados os pressupostos autorizadores da liminar exsurge para o impetrante direito subjetivo à sua obtenção, especialmente, em matéria fiscal, se a sua concessão é condicionada à prévia prestação de garantia, devidamente atendida. II — A Súmula n. 405 do STF, aprovada sob a vigência do velho Código de Processo Civil, não mais se ajusta aos princípios e conceitos atinentes à cautela, cujo objetivo é assegurar a eficácia da decisão de mérito. III — Recurso ordinário provido. (RMS n. 1.056-0. Ac. da 2ª T. do STJ 6.9.1993, pub. no DJU, I, de 27.9.1993, rel. Min. Antônio de Pádua Ribeiro).
(63) Súmula n. 626. A suspensão da liminar em mandado de segurança, salvo determinação em contrário da decisão que a deferir, vigorará até o trânsito em julgado da decisão definitiva de concessão da segurança ou, havendo recurso, até a sua manutenção pelo Supremo Tribunal Federal, desde que o objeto da liminar deferida coincida, total ou parcialmente, com o da impetração.

Finalmente, deve-se admitir o efeito suspensivo ao recurso em Mandado de Segurança, extensivo à medida liminar, sempre que ocorrer a possibilidade de o direito vir a sofrer lesão de difícil ou impossível reparação, sob pena de o eventual provimento ao recurso tornar-se inócuo.

1.5.5.7. PRIORIDADE DE JULGAMENTO

Pela própria natureza do Mandado de Segurança consistente em ação constitucional, dotado de espectro probatório restrito e pré-constituído, além de violação de direitos elementares praticado, em regra, pelo Estado, já se anteveem peculiaridades que lhe permite um status de prioridade no processamento e julgamento.

E nessa exegese, já seguindo a previsão da antiga lei (art. 17 da Lei n. 1.533/51), a nova, por seu art. 20 (Lei n. 12.016/09), estatui o seguinte:

> Art. 20. Os processos de mandado de segurança e os respectivos recursos terão prioridade sobre todos os atos judiciais, salvo *habeas corpus.*
>
> § 1º Na instância superior, deverão ser levados a julgamento na primeira sessão que se seguir à data em que forem conclusos ao relator.

De logo, vê-se que o legislador apontou a preferência não só pelo julgamento, mas também pelo processamento, porquanto entre a impetração e a prospectiva sentença deflui-se uma sucessiva sequência de atos. E pode-se ir além, no sentido de que essa prioridade, que detém *status* de urgência, sobrepõe-se até mesmo a todos os demais acervos processuais do juiz natural responsável pela causa (MS), tanto que a norma em comento ressalvou apenas o *habeas corpus* com primazia ao Mandado de Segurança.

Ademais, não se fez distinção quanto a competência do Mandado de Segurança, permitindo-se concluir pela sua aplicabilidade ao instrumento processual, independente do órgão julgador ser singular ou colegiado.

1.5.5.8. APLICAÇÃO DAS MEDIDAS DE APOIO

Por ser o Mandado de Segurança um instrumento processual com *status* constitucional, exigível quando da sua apreciação uma efetiva e eficiente atividade jurisdicional.

É amplamente difundido que a execução da sua sentença (concessiva) se faz, exclusivamente, por meio da expedição de ofício à autoridade coatora e, eventualmente, da punição por crime de desobediência[64].

Não são poucas as autoridades coatoras que têm sido renitentes no cumprimento das sentenças mandamentais, criando notórias dificuldades para o impetrante obter a satisfação de seu direito líquido e certo.

Portanto, já se revela oportuna a tentativa de se extrair do ordenamento jurídico uma solução efetiva a tal problemática, já que a nova lei se mostra vazia no aspecto da efetivação da ordem de segurança. Pese tal situação, por ostentar tal ação caráter mandamental, cabível o uso das medidas de apoio assinaladas no § 5º do art. 461, assim como a aplicação das sanções mencionadas no parágrafo único do art. 14, ambos do CPC.

Tal possibilidade, inclusive, afora menções doutrinárias, encontra guarida na jurisprudência, *verbis:*

> MANDADO DE SEGURANÇA — DESCUMPRIMENTO DA ORDEM JUDICIAL PELA AUTORIDADE COATORA — RECLAMAÇÃO FORMULADA PELA IMPETRANTE — MEDIDAS DE APOIO ADOTADAS PELA VICE-PRESIDÊNCIA PARA COMPELIR A AUTORIDADE COATORA A CUMPRIR O JULGADO — INEXISTÊNCIA DE OFENSA À COISA JULGADA MATERIAL E INEXISTÊNCIA DE NOVA DECISÃO QUE CONTRARIE O ART. 463 DO CPC — CONTEÚDO MANDAMENTAL DA DECISÃO DO MANDADO DE SEGURANÇA QUE COMPORTA A ADOÇÃO DAS MEDIDAS DE APOIO, CONTIDAS NOS ARTS. 14, PARÁGRAFO ÚNICO E 461 DO CPC — AGRAVO CONHECIDO, MAS IMPROVIDO. (TJ-MS — MS n. 52.743/MS 1000.052743-3/0006.02, Relator: Des. Carlos Stephanini, Data de Julgamento: 4.12.2002, Vice Presidência, Data de Publicação: 23.1.2003).

Desta forma, não podendo o acesso à justiça ser meramente formal, mas efetivo e eficiente, além de haver necessidade de uma duração razoável da prestação jurisdicional, aplicável, com observância da peculiaridade do caso concreto (objeto), os ditames da legislação processual civil ao Mandado de Segurança, seja pelo sistema do *diálogo das fontes permitido pelo CDC* (arts. 7º e 84 da Lei n. 8.078/90), *microssistema processual* ou pelo art. 126 do CPC, tudo pensando em não reduzir tal remédio constitucional.

---

(64) MANDADO DE SEGURANÇA. DESOBEDIÊNCIA A ORDEM JUDICIAL. OFÍCIO AO MINISTÉRIO PÚBLICO. *CONTEMPT OF COURT.* Não constitui ato ilegal a decisão do Juiz que, diante da indevida recusa para incluir em folha de pagamento a pensão mensal de indenização por ato ilícito, deferida em sentença com trânsito em julgado, determina a expedição de ofício ao Ministério Público, com informações, para as providências cabíveis contra o representante legal da ré. Recurso ordinário improvido. (STJ — RMS n. 9.228/MG 1997/0086776-5, Relator: Ministro Ruy Rosado de Aguiar, Data de Julgamento: 31.8.1998, T4 — Quarta Turma, Data de Publicação: DJ 14.6.1999, p. 191, RSTJ, v. 122, p. 292).

Apenas para ilustração, suponha-se o caso de negativa de fornecimento de um medicamento de uso imprescindível, cuja ausência gera risco à vida ou grave risco à saúde. Nesta hipótese, cabível, caso a tutela não seja efetiva, ainda que fixada multa diária, o bloqueio da conta bancária da Fazenda Pública com espeque no art. 461, § 5º, do CPC, como viés assecuratório para o cumprimento da tutela específica[65], garantindo ao impetrante precisamente aquilo a que faz *jus*: a fruição integral do seu direito à saúde reclamado em juízo enquanto dever do Estado.

Neste caso, inclusive, não há falar-se em ofensa ao regime diferenciado de pagamento da Fazenda Pública consistente no precatório ou requisição de pequeno valor[66], porquanto a obrigação almejada é a de fazer — art. 461 do CPC — (dever do Estado de prestação positiva — saúde — art. 196 da CF) —, e não a de pagar — art. 730 do referido *códex*.

Daí o por que dê o STJ considerar a possibilidade da implementação da medida de apoio, por considerá-la como meio coercitivo para implementar a obrigação de fazer ou de entrega de coisa[67], tendo analisado tal questão no Recurso Repetitivo n. 84, através do REsp n. 1.069.810, que gerou o seguinte enunciado, *verbis:*

> Tratando-se de fornecimento de medicamentos, cabe ao Juiz adotar medidas eficazes à efetivação de suas decisões, podendo, se necessário, determinar até mesmo, o sequestro de valores do devedor (bloqueio), segundo o seu prudente arbítrio, e sempre com adequada fundamentação.

1.5.6. Execução

A execução em Mandado de Segurança, quando concessivo o pleito, se procede mediante uma ordem do juízo, cuja *execução/cumprimento* se faz mediante notificação à autoridade coatora para que faça cessar imediatamente a eficácia da coação ilegal (autoexecutável).

A doutrina especializada de Hely Lopes Meirelles trata:

> [...] a execução da sentença concessiva da segurança é imediata, específica ou in natura, isto é, mediante o cumprimento da providência determinada pelo juiz, sem a possibilidade de ser substituída pela reparação pecuniária [...] cumprem-se imediata-

---
(65) STJ — Ag n. 1.175.810 — Relatora Ministra Eliana Calmon — Publicação DJe 9.9.2009.
(66) REsp n. 494.886/RS.
(67) AgRg no REsp n. 1.124.949/RS.

mente tanto a liminar quanto a sentença ou acórdão concessivo da segurança, diante da só notificação do juiz prolator da decisão, independentemente de caução ou de carta de sentença [...]. (MEIRELLES, Hely Lopes. *Mandado de segurança, ação popular, ação civil pública, mandado de injunção*, habeas data. 14. ed. p. 68-69)

Tal consequência decorre do caráter mandamental desse tipo de ação, destacando, no entanto, que o § 3º do art. 14 da nova lei é taxativo quanto a sua vedação (execução) no caso em que for vedada a concessão da liminar.

Por esta exegese no sentido do cumprimento imediato, já nos permite concluir que incabível o processo executivo, conforme precedente jurisprudencial:

PROCESSUAL CIVIL. EXECUÇÃO PROVISÓRIA DE SENTENÇA EM MANDADO DE SEGURANÇA. IMPROPRIEDADE DO PROCESSO DE EXECUÇÃO. 1. O processo de execução não é via própria para o recebimento de direito assegurado em mandado de segurança, pois a sentença tem natureza mandamental. 2. Ausente o interesse de agir, carece da ação executiva o impetrante já que a ordem emanada da sentença é executada mediante simples ofício à autoridade impetrada. 3. Apelação provida. (AC 199901000396305/BA — Tribunal Regional Federal da 1ª Região, 2ª Turma Suplementar, Rel. Juiz Miguel Ângelo de Alvarenga Lopes, julg. 18.8.2004, public. 9.9.2004)

Necessário se registrar também que possíveis verbas decorrentes da concessão do *writ* estão sujeitas ao regime de precatórios ou requisição de pequeno valor, a depender do *quantum debeatur*, tudo conforme art. 100 da CF. Mas a censura do ato ilegal da autoridade púbica sempre será imediato.

O juiz poderá se valer, também, das medidas de apoio contidas nos arts. 461 e 461-A do CPC para implementar sua decisão, além de ser implícito de que o não cumprimento da ordem acarretará incidência do art. 330 do Código Penal e art. 26 da Lei n. 12.016/2009.

É também pacífico o entendimento, até mesmo por estar previsto no § 4º do art. 14 da nova lei, que as verbas restituíveis serão somente relativas às parcelas advindas posteriormente ao ajuizamento da ação. Os efeitos retroativos da sentença ficam adstritos à data do protocolo judicial do *writ*.

Sobre os efeitos patrimoniais do pleito concessivo, a jurisprudência toma posição:

PROCESSUAL CIVIL. MANDADO DE SEGURANÇA. EXECUÇÃO PROVISÓRIA. PROCEDIMENTO. O CARÁTER MANDAMENTAL E DE URGÊNCIA DAS DECISÕES PROFERIDAS NO PROCESSO RÁPIDO DO *MANDAMUS*. DISPENSA OS REQUISITOS DA CARTA DE SENTENÇA

E DA CAUÇÃO, PARA A EXECUÇÃO PROVISÓRIA DO JULGADO CONCESSIVO DA SEGURANÇA, QUE SE CUMPRE, IMEDIATAMENTE, PELA SÓ NOTIFICAÇÃO JUDICIAL A AUTORIDADE IMPETRADA. [...] (AG 8901215160/BA — Tribunal Regional Federal da 1ª Região, 2ª Turma, Rel. Juiz Souza Prudente, julg. 22.8.1990, public. 26.11.1990)

Mais:

PROCESSUAL CIVIL. MANDADO DE SEGURANÇA. REQUISIÇÃO AO IMPETRADO E ELEMENTOS PARA A EXECUÇÃO DA ORDEM. ADMISSIBILIDADE. CONCESSÃO E EFEITO SUSPENSIVO AO AGRAVO. [...] 3. Tendo a sentença do mandado de segurança natureza mandamental, não comporta processo de execução. O juiz profere sentença mandando que a autoridade pratique ou omita tal ou qual ato, ordem que deve ser cumprida de imediato. 4. Os efeitos da sentença no mandado de segurança retroagem à data de sua impetração e nesses limites irradia efeitos patrimoniais. Se, para cumprimento da ordem, forem necessários elementos informativos, à autoridade caberá fornecê-los, mediante requisição do juiz. (AG 199804010403738/RS — Tribunal Regional Federal da 4ª Região, 3ª Turma, Rel. Juiz A. A. Ramos de Oliveira, julg. 24.9.1998, public. 14.10.1998)

1.5.7. Recursos, efeitos e reexame necessário

Por inferência sistemática do sistema constitucional extrai-se o princípio implícito do duplo grau de jurisdição. E por ser o Mandado de Segurança uma ação cível de índole constitucional, inegável que agregado a ela está o direito de recorrer.

A questão a se observar gravita sobre alguns parâmetros. Se a decisão objurgada for decisão interlocutória em sede de primeiro grau de jurisdição, cabível o agravo sob a modalidade de instrumento, posto que ínsita a celeridade esperada nesta via (art. 7º, § 1º, da nova lei). Já no caso de competência originária, o recurso indicado no caso de concessão ou não da liminar é o agravo regimental (art. 16, parágrafo único), superando, assim, a Súmula n. 622 do STF.

Se a decisão denegar ou conceder a sentença, preceitua o art. 14 que o meio de controle recursal será a apelação. Interessante que se a peça for indeferida inicialmente, a apelação será a do § 1º do art. 10, sendo possível, por aplicação subsidiária, a possibilidade de retratação contida no art. 296 do CPC.

Já em sede de competência originária, a decisão objurgada poderá ser impugnada tão somente via recurso ordinário, cujo cabimento está vinculado às hipóteses de denegação da ordem. Quando concedida a ordem, a análise do recurso a ser manejado será analisada pela possibilidade isolada ou dúplice do recurso especial e extraordinário (art. 18), denotando clara exceção ao princípio da unicidade recursal.

Quanto aos embargos de declaração, resta induvidosa a possibilidade da sua utilização.

O cabimento de embargos infringentes está excluído por força do art. 25. Uma novidade que urge frisar é a possibilidade de a autoridade coatora recorrer (art. 14, § 2º), mas somente, segundo a doutrina pacífica, quando estiver presente a possibilidade de lhe recair algum tipo de responsabilidade pela concessão da segurança (art. 37, § 6º, da CF).

No que tange aos efeitos da apelação, o § 3º do art. 14 deixa claro o afastamento do efeito suspensivo nos casos de concessão da impetração, sendo que nas hipóteses de denegação, a manutenção do *decisum* manter-se-á até o trânsito em julgado, embora neste último aspecto o tema seja controvertido.

Se o juiz, na sentença denegatória, cassa ou revoga expressamente a medida liminar, deve necessariamente atribuir efeito suspensivo (acaso requerido) à apelação (se interposta), para resguardar o direito que tutelou pela liminar, da possibilidade de ineficácia ou de lesão de difícil ou impossível reparação.

Neste caso, é de bom alvitre que declare expressamente a extensão do efeito suspensivo à liminar cassada, ditando sua subsistência até decisão final do processo, posto que inaplicável presentemente a Súmula n. 405 do STF, definitivamente superada.

Caso não o faça, caberá ao impetrante lesado ajuizar ação cautelar junto ao tribunal competente para a revisão em segundo grau de jurisdição, imediatamente após protocolado o recurso perante o juízo de origem. O relator nomeado concederá nova liminar ou atribuirá efeito suspensivo ao recurso, firmando a competência para conhecimento da apelação, quando distribuída perante o tribunal.

Finalmente, deve-se admitir o efeito suspensivo ao recurso em Mandado de Segurança, extensivo à medida liminar, sempre que ocorrer a possibilidade de o direito vir a sofrer lesão de difícil ou impossível reparação, sob pena de o eventual provimento ao recurso tornar-se inócuo.

O STJ, no julgamento do REsp n. 1.020.415 SP, afirmou a possibilidade de concessão de efeito suspensivo, mas ressaltando sua excepcionalidade, senão veja-se:

PROCESSUAL CIVIL. RECURSO ESPECIAL. TRIBUTÁRIO. MANDADO DE SEGURANÇA. INDEFERIMENTO. APELAÇÃO. EFEITO SUSPENSIVO. *PERICULUM IN MORA*. POSSIBILIDADE DE DANO DE DIFÍCIL REPARAÇÃO. REEXAME DE MATÉRIA FÁTICO-PROBATÓRIA. SÚMULA N. 7/STJ. RECURSO ADMINISTRATIVO. EXIGÊNCIA DE DEPÓSITO PRÉVIO. GARANTIA DA AMPLA DEFESA. DIREITO DE PETIÇÃO INDEPENDENTEMENTE DO PAGAMENTO DE TAXAS. NOVEL JURISPRUDÊNCIA DO SUPREMO TRIBUNAL FEDERAL. 1. A suspensão do cumprimento da decisão, até o pronunciamento definitivo da turma ou câmara (CPC, art. 558), pode ser deferida pelo relator a requerimento do agravante, nos casos de prisão civil, adjudicação, remição de bens, levantamento de dinheiro sem caução idônea e em outros casos dos quais possa resultar lesão grave e de difícil reparação, sendo relevante a fundamentação. 2. O exame do preenchimento dos pressupostos para a aplicação de efeito suspensivo previsto no art. 558 do CPC, deve ser aferido pelo Tribunal *a quo*, sendo defeso ao STJ o reexame desse pressuposto de admissibilidade, em face do óbice contido na Súmula n. 7/STJ. 3. A concessão de efeito suspensivo ao recurso de apelação interposto em face de r. decisão que denegou o pedido formulado em mandado de segurança é medida excepcional, concessível tão somente quando possa resultar lesão grave e de difícil reparação e presente os pressupostos do *fumus boni iuris* e *periculum in mora*. (Precedentes: REsp n. 787.051/PA, Ministra Eliana Calmon, Segunda Turma, DJ 17.8.2006; MC n. 9.299/PR, Ministro Luiz Fux, Primeira Turma, DJ 13.3.2006). 4. Recurso especial não conhecido, porquanto a decisão recorrida aferiu matéria insindicável pelo E. STJ. (REsp n. 1.020.415/SP, Rel. Ministro Luiz Fux, Primeira Turma, julgado em 8.9.2009, DJe 6.10.2009).

E ainda nesse contexto recursal e seus efeitos, mister destacar o teor do que dispõe o art. 14, § 1º, de "concedida a segurança [leia-se: julgado procedente o pedido inicial], a sentença estará sujeita obrigatoriamente ao duplo grau de jurisdição".

Sobre a aplicação do art. 475, §§ 2º e 3º, do CPC, há inúmeras divergências, rejeitando o STJ pelo argumento da especialidade da Lei do Mandado de Segurança[68] e, de outro lado, parte da doutrina favorável, sob o argumento da omissão da lei ser suprida por tal integração, mormente por garantir a duração razoável do processo.

Quando a autoridade coatora satisfaz, sem ressalvas, a pretensão do impetrante, o reexame necessário perde o seu objeto, devendo, em consequência, ser tido por prejudicado, até mesmo por se constar uma espécie de preclusão lógica nessa hipótese (art. 503 do CPC).

---

(68) EREsp n. 647.717/SP, Rel. Ministra Eliana Calmon, Primeira Seção, DJ 25.2.2008, p. 1.

1.5.8. Coisa julgada

No âmbito do Mandado de Segurança, de forma objetiva, as decisões proferidas têm aptidão para se revestir de coisa julgada material toda vez que enfrentarem o mérito.

O art. 19 da nova lei disciplina que "A sentença ou o acórdão que denegar mandado de segurança, sem decidir o mérito, não impedirá que o requerente, por ação própria, pleiteie os seus direitos e os respectivos efeitos patrimoniais".

De logo, depreende-se que se o julgador analisar o mérito, afirmando inexistir o direito reclamado, sequer noutra ação poderá perseguir o pleito, posto que operacionalizada está a coisa julgada material[69].

No entanto, caso o Mandado de Segurança seja extinto por inadequação da via eleita (*falta do direito líquido e certo*), poderá, sim, o impetrante manejar outra *ação própria* contida na lei. Tal situação é facilmente compreendida pelo § 5º do art. 6º da nova lei.

Destaque-se que se a extinção se der sem resolução de mérito, não pela falta de direito líquido e certo, mas, *v. g.*, ilegitimidade de parte, o cuidado ao se manejar novo *writ* é observar se ainda não expirou o prazo decadencial.

Importante mencionar que a tríplice identidade (*partes, pedido e causa de pedir*) exigida para se atestar a presença da coisa julgada enquanto pressuposto negativo fica mitigada quando estiver presente uma questão de trato sucessivo (art. 471, I, do CPC)[70].

---

(69) Súmula n. 304 do STF. "Decisão denegatória de mandado de segurança, não fazendo coisa julgada contra o impetrante, não impede o uso da ação própria".
(70) AGRAVO REGIMENTAL NO RECURSO ESPECIAL. PROCESSUAL CIVIL. TRIBUTÁRIO. COFINS. OPERAÇÕES RELATIVAS A DERIVADOS DE PETRÓLEO. DECISÃO EM MANDADO DE SEGURANÇA. COISA JULGADA. AFASTAMENTO. RELAÇÃO TRIBUTÁRIA DE TRATO SUCESSIVO. SÚMULA N. 659/STF. AGRAVO REGIMENTAL DESPROVIDO. (STJ — AgRg no REsp n. 827.819/RJ 2006/0054228-8, Relator: Ministra Denise Arruda, Data de Julgamento: 24.3.2009, T1 — Primeira Turma, Data de Publicação: DJe 29.4.2009).

O Mandado de Segurança Coletivo

2.1. Introdução

O Mandado de Segurança é ação de invenção eminentemente brasileira inspirada no *habeas corpus*, como anteriormente demonstrado.

Também, sabido que a primeira Constituição brasileira a prever o instituto foi a de 1934, precisamente em seu art. 113.

Relativamente ao Mandado de Segurança Coletivo, sua inserção no ordenamento jurídico brasileiro ocorreu com a Constituição de 1988 (art. 5º, inciso LXX):

Art. 5º [...]

LXX — O mandado de segurança coletivo pode ser impetrado por:

a) partido político com representação no Congresso Nacional;

b) organização sindical, entidade de classe ou associação legalmente constituída e em funcionamento há pelo menos um ano, em defesa dos interesses de seus membros ou associados.[71]

À semelhança do Mandado de Segurança Individual, o Coletivo destina-se a proteger direito líquido e certo, só que de natureza corporativa, pertencente não a um indivíduo isolado, mas sim a um grupo de pessoas, não amparado por *habeas corpus* ou *habeas data*, sempre que houver ilegalidade ou abuso de poder perpetrado por autoridade.

Embora a Constituição Federal de 1988 contivesse a previsão do Mandado de Segurança Coletivo desde o início, não havia legislação infraconstitucional que regulamentasse o instituto.

Logo, por muito tempo, usou-se a antiga Lei do Mandado de Segurança Individual (Lei n. 1.533/51) analogicamente como forma de operacionalizar tão relevante ação.

Destinando-se a tutelar interesses individuais, a Lei n. 1.533/51 obviamente era inadequada para disciplinar o Mandado de Segurança Coletivo, que muitas vezes se socorria das demais normas do microssistema processual coletivo brasileiro, sempre tomando emprestado o que não se amoldava exatamente às suas características.

A fim de sanar essa omissão, a nova Lei do Mandado de Segurança, quer seja, Lei n. 12.016/09, destinou alguns de seus artigos ao Mandado de Segurança Coletivo (arts. 21 e 22) e com isso procurou consagrar entendimentos, pacificar e esclarecer alguns pontos de divergência no que se refere ao instituto.

Oportuno, de novo, demonstrar que o caráter individualista que permeava a Lei n. 1.533/51 mostrava-se insuficiente para fazer frente às diversas peculiaridades inerentes a uma ação coletiva, tais como legitimação ativa, objetos tuteláveis e coisa julgada.

Essa situação tornou extremamente importante o exercício exegético desenvolvido pela doutrina e pela jurisprudência no sentido de conferir segurança e operacionalidade ao Mandado de Segurança Coletivo, inegavelmente inserido no microssistema de tutela coletiva.

Como antes informado, aplicou-se subsidiariamente ao Mandado de Segurança Coletivo também o regramento das ações civis públicas e ações coletivas em geral (em especial, a Lei da Ação Civil Pública e as regras do Código do Consumidor acerca do processo coletivo).

---

(71) Art. 5º, inciso LXX, da CRFB/88.

Assim, pode-se afirmar que a ampla maioria das dúvidas existentes ao tempo da concepção do Mandado de Segurança Coletivo já haviam sido acomodadas (bem ou mal) pela doutrina e, especialmente, pelos Tribunais Superiores.

Todavia, com a edição da Lei n. 12.016/09, a Lei n. 1.533/51 foi revogada.

2.2. Legitimidade ativa para a impetração

O estudo da legitimidade ativa para impetrar o Mandado de Segurança Coletivo é relevante porque tanto a Constituição Federal como a lei limitaram os autorizados a ingressar com essa espécie de ação.

De acordo com o art. 5º, inciso LXX, da Constituição Federal de 1988, hipóteses que foram repetidas no art. 23 da Lei n. 12.016/09, estão autorizados a impetrar Mandado de Segurança Coletivo:

— partido político com representação no Congresso Nacional;

— organização sindical;

— entidade de classe e

— associação.[72]

E o Ministério Público? Estaria esta entidade autorizada a ingressar com Mandado de Segurança Coletivo?

Eis também uma discussão acerca da legitimidade para impetrar Mandado de Segurança Coletivo: seria o rol de legitimados taxativo?

Luiz Guilherme Marinoni e Daniel Mitidiero acreditam que tal rol de legitimados não é taxativo:

> O rol de legitimados para propositura de mandado de segurança coletivo não é taxativo. Como observa a doutrina, "a previsão constitucional que trata do mandado de segurança coletivo limita-se a estabelecer os legitimados para esta ação. Em contraste com a legitimidade para outras ações coletivas (qualquer cidadão para a ação popular e vários entes para as ações civis públicas) é de se questionar se a legitimação aqui prevista é exclusiva, ou seja, se

---

(72) Art. 23 da Lei n. 12.016/2009.

o rol trazido no dispositivo em questão é exaustivo. Nada há que autorize esta conclusão. A garantia fundamental, como cediço, não pode ser restringida, mas nada impede (aliás, será muito salutar) que seja ampliada. Daí ser possível questionar-se da possibilidade de autorizar os legitimados para as ações civis públicas a proporem mandado de segurança coletivo. Partindo-se do pressuposto de que o mandado de segurança é apenas uma forma de procedimento, mostra-se impossível fugir da conclusão de que a tutela dos interesses coletivos já foi outorgada, pelo texto constitucional e por diplomas infraconstitucionais, a outras entidades além daquelas enumeradas no dispositivo em exame. Ora, se essas outras entidades já estão habilitadas à proteção desses interesses, qual seria a racionalidade em negar-lhes autorização para utilizar uma via processual de proteção? Absolutamente, nenhuma. Diante disso, parece bastante razoável sustentar a ampliação — pelo direito infraconstitucional e também pelas normas constitucionais (*v. g.*, art. 129, III) — do rol de legitimados para a impetração deste remédio constitucional, de sorte que todos os autorizados para as ações coletivas também tenham à sua disposição o mandado de segurança coletivo como técnica processual para a proteção dos interesses de massa". A jurisprudência do STF, contudo, permanece tímida a respeito do ponto, sustentando a taxatividade do rol de legitimados à impetração de mandado de segurança coletivo (STF, Pleno, AgRg na Rcl n. 1.097/PE, rel, Min. Moreira Alves. DJ 12.11.1999, p. 102).[73]

Assim, apesar de opiniões doutrinárias de peso como a anterior, a jurisprudência ainda é tímida no que se refere à não taxatividade do rol de legitimados.

Importante também é saber qual a natureza jurídica dessa legitimação ativa.

Estaríamos diante de representação ou substituição processual?

2.3. A NATUREZA JURÍDICA DA LEGITIMAÇÃO ATIVA

Há muito se discute acerca da natureza jurídica da legitimação ativa para impetrar Mandado de Segurança Coletivo.

---

(73) SARLET, Ingo Wolfgang; MARINONI, Luiz Guilherme; MITIDIERO, Daniel. *Curso de direito constitucional*. São Paulo: Revista dos Tribunais, 2012. p. 693.

Como a referida ação tem legitimados ativos determinados (embora existam opiniões em contrário), ou seja, não é qualquer pessoa que pode ser autora do Mandado de Segurança Coletivo, importa saber a que título os legitimados ativos são autorizados a impetrar o *mandamus*.

Descartada a hipótese de que os legitimados ativos são os titulares dos direitos que pleiteiam em nível de Mandado de Segurança Coletivo, pois na verdade discutem direitos dos indivíduos a eles ligados, tratando-se de legitimação extraordinária e não ordinária, indaga-se se o caso é de representação ou de substituição processual.

José Cretella Júnior, juntamente com a maioria da doutrina, entende que o caso é de substituição processual.

Eis as suas palavras:

> Quando expresso dispositivo constitucional permitiu que o partido político, a organização sindical, a entidade de classe e a associação impetrassem mandado de segurança coletivo, agindo, assim, em juízo, em nome próprio, como autores, para defesa de direito líquido e certo de seus membros ou associados (art. 5º, LXX, *a* e *b*), pela primeira vez, em nosso direito processual e constitucional, a figura da substituição processual foi acolhida, com relação ao *writ of mandamus*.[74]

O art. 6º do Código de Processo Civil estabelece que ninguém poderá pleitear, em nome próprio, direito alheio, salvo quando autorizado por lei.

A Lei n. 12.016/2009, eliminando qualquer dúvida que ainda pudesse existir, foi expressa em seu art. 22, *caput*, no sentido de que a sentença fará coisa julgada limitadamente aos membros do grupo ou categoria substituídos pelo impetrante, ou seja, admitiu que o caso do Mandado de Segurança coletivo é de substituição, e não de representação.

O Superior Tribunal de Justiça é pacífico quando à caracterização da substituição processual no que se refere ao Mandado de Segurança coletivo:

PROCESSUAL CIVIL — MANDADO DE SEGURANÇA — RENÚNCIA AO DIREITO QUE SE FUNDA A AÇÃO — ATO UNILATERAL DO AUTOR — ILEGITIMIDADE DOS SUBSTITUÍDOS PROCESSUAIS. 1. O STJ pacificou o entendimento de que a desistência do mandado de segurança pode ser requerida a qualquer tempo, desde que efetuada em momento anterior à

---

[74] CRETELLA JÚNIOR, José. *Do mandado de segurança coletivo*. 2. ed. Rio de Janeiro: Forense, 1991. p. 58.

prolação da sentença. 2. "A renúncia ao direito é o ato unilateral com que o autor dispõe do direito subjetivo material que afirmara ter, importando a extinção da própria relação de direito material que dava causa à execução forçada, consubstanciando instituto bem mais amplo que a desistência da ação, que opera tão somente a extinção do processo sem resolução do mérito, permanecendo íntegro o direito material, que poderá ser objeto de nova ação *a posteriori*" (EREsp 35.615/RS, Rel. Min. Luiz Fux, Primeira Seção, julgado em 22.4.2009, Dje 11.5.2009). 3. Carecem os substituídos processuais de legitimidade para renunciar o direito a que se funda a ação, pois este direito assiste somente ao autor impetrante do mandado de segurança coletivo. Agravo regimental improvido.[75]

Diante do exposto, conclui-se que, em caso de Mandado de Segurança Coletivo, a legitimidade para a impetração é extraordinária e caracterizada pela substituição processual.

A maior consequência do reconhecimento da substituição processual neste caso é a desnecessidade de prévia e expressa autorização dos membros ou filiados das entidades legitimadas à impetração do *mandamus*. O Superior Tribunal de Justiça também já julgou no sentido da desnecessidade da referida autorização nos seguintes termos:

> PROCESSUAL CIVIL. TRIBUTÁRIO. AGRAVO REGIMENTAL NO RECURSO ESPECIAL. CONTRIBUIÇÃO AO INCRA. ALEGADA CONTRARIEDADE AO ART. 535 DO CPC. NÃO OCORRÊNCIA. MANDADO DE SEGURANÇA COLETIVO. INSTRUÇÃO DA INICIAL COM A RELAÇÃO NOMINAL DOS FILIADOS. DESNECESSIDADE. PRECEDENTES. DESPROVIMENTO DO AGRAVO REGIMENTAL. 1. Esta Corte de Justiça, seguindo o posicionamento adotado pelo Supremo Tribunal Federal, firmou entendimento no sentido de que "(...) as entidades elencadas no inciso LXX, 'b', do art. 5º da Carta Magna, atuando na defesa de direito ou de interesses jurídicos de seus representados — substituição processual, ao impetrarem mandado de segurança coletivo, não necessitam de autorização expressa deles, nem tampouco de apresentarem relação nominativa nos autos" (REsp 220.556/DF, 5ª Turma, Rel. Min. José Arnaldo da Fonseca, DJ 5.3.2001). 2. Agravo regimental desprovido.[76]

Por fim, o Supremo Tribunal Federal consagrou o entendimento da dispensa de autorização para o ingresso da ação do Mandado de Segurança Coletivo editando a Súmula n. 629, que tem a seguinte redação: "A impetração de mandado de segurança coletivo por entidade de classe em favor dos associados independe de autorização destes". Com isto, indiretamente,

---

(75) STJ — AgRg nos EDcl na PET no REsp n. 573.482/RS-2003.
(76) STJ — AgRg no REsp n. 1.030.488/PE-2008.

admitiu também a existência de substituição processual relativamente aos legitimados do Mandado de Segurança Coletivo.

2.4. A LEGITIMIDADE ATIVA DOS PARTIDOS POLÍTICOS

O art. 5º, inciso LXX, alínea *a*, afirma que o Mandado de Segurança Coletivo pode ser impetrado por partido político com representação no Congresso Nacional. Isto quer significar que o partido político legitimado para a *actio* deve ter pelo menos um deputado federal ou um senador no Congresso Nacional.

Avançando na regulamentação do dispositivo constitucional, a Lei n. 12.016/09, em seu art. 21, *caput*, exigiu que o *mandamus* coletivo impetrado por partido político com representação no Congresso Nacional deve defender interesses legítimos relativos a seus integrantes (parlamentares e filiados) ou à finalidade partidária.

Assim, de acordo com a lei, não é qualquer interesse que pode ser objeto de Mandado de Segurança Coletivo impetrado por partido político, mas apenas interesses relativos aos seus integrantes ou à finalidade partidária.

Há quem diga que referida limitação legal é inconstitucional, pois a Constituição Federal não cuidou de restringir os direitos que podem ser pleiteados pelos partidos políticos sob a égide do Mandado de Segurança Coletivo.

Lúcia Valle Figueiredo tem a seguinte opinião:

> [...] aos partidos políticos cabe muito mais do que a simples defesa dos direitos políticos stricto sensu, como se pode, ao primeiro súbito de vista pensar. Vejamos o art. 1º da Lei Orgânica dos Partidos Políticos, Lei n. 9.096, de 19.9.1995: "O partido político, pessoa jurídica de direito privado, destina-se a assegurar, no interesse do regime democrático, a autenticidade do sistema representativo e a defender os direitos fundamentais definidos na Constituição Federal". Veja-se a amplitude do campo de atuação dos partidos políticos e, em consequência, sua competência para a interposição do mandado de segurança coletivo.[77]

---

(77) FIGUEIREDO, Lúcia Valle. *Mandado de segurança*. São Paulo: Malheiros, 1996. p. 37.

O Supremo Tribunal Federal, anteriormente à edição da Lei n. 12.016/09, já decidiu que o partido político tem legitimidade para defender qualquer direito coletivo ou difuso, independentemente de estarem relacionados aos seus filiados. Ou seja, para o referido tribunal, o partido político pode arguir em Mandado de Segurança Coletivo outros assuntos (RE n. 196.184/AM). Entretanto, é necessário aguardar novo posicionamento judicial, agora tendo como parâmetro o que diz o art. 21, *caput*, da Lei n. 12.016/09.

2.5. ORGANIZAÇÕES SINDICAIS, ENTIDADES DE CLASSE E ASSOCIAÇÕES

O art. 5º, inciso LXX, alínea *b*, do Texto Político estabelece como legitimados para impetrar Mandado de Segurança Coletivo a organização sindical, a entidade de classe ou a associação legalmente constituída e em funcionamento há pelo menos um ano, em defesa dos interesses de seus membros ou associados.

Por sua vez, o art. 21 da Lei n. 12.016/09 prevê a legitimidade ativa para impetração do Mandado de Segurança Coletivo às organizações sindicais, entidades de classe ou associações legalmente constituídas e em funcionamento há pelo menos um ano, em defesa de direitos líquidos e certos da totalidade, ou de parte dos seus membros ou associados, na forma dos seus estatutos e desde que pertinentes às suas finalidades, dispensada, para tanto, autorização especial.

Exige-se, portanto, nesses casos um vínculo de pertinência entre a atividade desenvolvida pela entidade e o objeto do Mandado de Segurança Coletivo.

Dispensou-se a autorização especial, e isso é uma característica da substituição processual, pois se o caso fosse de representação, teríamos a necessidade de autorização dos membros ou associados.

A defesa também pode ser da totalidade ou de parte dos membros ou associados.

Neste sentido, valiosas as palavras de Paulo Osternack:

> [...] Não significa dizer que seja cabível mandado de segurança coletivo quando exista divergência interna na entidade em relação ao tema versado na ação. Até porque, tal divergência conduziria ao não cabimento do Mandado de Segurança coletivo, por ausência de "representatividade adequada". O que a nova regra garante é

a viabilidade da impetração coletiva para proteger apenas parte dos integrantes da classe em razão do ato coator dizer respeito apenas a eles.[78]

Relativamente à legitimidade dos sindicatos para impetrar o Mandado de Segurança Coletivo, o Supremo Tribunal Federal já decidiu que é necessária tão somente a existência jurídica, ou seja, o registro no cartório próprio, sendo indiferente estarem ou não os estatutos arquivados e registrados no Ministério do Trabalho.

> LEGITIMIDADE — MANDADO DE SEGURANÇA COLETIVO — SINDICATO — REGISTRO NO MINISTÉRIO DO TRABALHO. A legitimidade de sindicato para atuar como substituto processual no mandado de segurança coletivo pressupõe tão somente a existência jurídica, ou seja, o registro no cartório próprio, sendo indiferente estarem ou não os estatutos arquivados e registrados no Ministério do Trabalho.[79]

Quanto à impetração de Mandado de Segurança Coletivo por entidades de classe, como a Ordem dos Advogados do Brasil, o Supremo Tribunal Federal editou duas súmulas a respeito: a Súmula n. 629, já mencionada neste estudo, que afirma que a impetração por entidade de classe em favor dos associados independe da autorização destes, e a Súmula n. 630, que diz que a entidade de classe tem legitimação para o Mandado de Segurança, ainda quando a pretensão veiculada interesse apenas a uma parte da respectiva categoria.

Tais entendimentos sumulados foram estendidos também para as organizações sindicais e para as associações, conforme expresso na parte final do art. 21 da Lei n. 12.016/2009.

Relativamente às associações, tanto a Constituição quanto a Lei n. 12.016/2009 exigem que esteja legalmente constituída e em funcionamento há pelo menos um ano.

Veja a jurisprudência do Superior Tribunal de Justiça:

> PROCESSUAL CIVIL E TRIBUTÁRIO. RECURSO ORDINÁRIO EM MANDADO DE SEGURANÇA. PARCELAMENTO TRIBUTÁRIO. REQUISITOS À ADESÃO DISCIPLINADOS PELA LEGISLAÇÃO ESTADUAL. MANDADO DE SEGURANÇA COLETIVO IMPETRADO POR ASSOCIAÇÃO.

---

(78) AMARAL, Paulo Osternack. O novo perfil do mandado de segurança coletivo. *Informativo Justen, Pereira, Oliveira e Talamini*, Curitiba n. 30, agosto 2009. Disponível em: <http://www.justen.com.br/informativo.php?informativo=30&artigo=50> Acesso em: 22.5.2012.
(79) STF — RE 370.834, Rel. Min. Marco Aurélio, julgamento em 30.8.2011, Primeira Turma, DJE 26.9.2011.

LEGITIMIDADE ATIVA. FALTA DE PROVA PRÉ-CONSTITUÍDA DE QUE A ENTIDADE ESTÁ REUNIDA COM O OBJETIVO SOCIAL PERTINENTE À PRETENSÃO JUDICIAL HÁ, PELO MENOS, UM ANO. ART. 21 DA LEI N. 12.016/09. IMPETRAÇÃO CONTRA LEI EM TESE. IMPOSSIBILIDADE. INADEQUAÇÃO DA VIA ELEITA. SÚMULA N. 266/STF. CARÊNCIA DE AÇÃO RECONHECIDA. 1. Recurso ordinário em mandado de segurança coletivo pelo qual a associação pretende desobrigar seus associados de submissão de determinadas condições estabelecidas pela legislação estadual para adesão a programa de parcelamento tributário (Lei n. 16.675/09), quais sejam, tempo mínimo de 2 anos do executivo fiscal que busca cobrar o débito objeto do parcelamento (art. 5º) e a inclusão de 10% sobre o valor da causa a título de honorários advocatícios (art. 6º, § 2º). 2. A associação impetrante não faz prova pré-constituída de que está reunida há um ano com a finalidade social pertinente à pretensão deduzida judicialmente. Descumprimento do que dispõe o art. 21 da Lei n. 12.016/2009. Reconhecida a ilegitimidade ativa para a impetração de mandado de segurança coletivo. 3. Da exordial retira-se que a presente impetração ataca Lei em tese, pois busca combater em caráter genérico e abstrato as disposições de Lei estadual que estabelecem determinadas condições para a adesão em programa de parcelamento tributário. Reconhecida a inadequação da via eleita, nos termos da Súmula n. 266/STF. 4. Recurso ordinário não provido.[80]

2.6. Da legitimidade do Ministério Público e da Defensoria Pública

A questão da legitimidade ou não do Ministério Público para ajuizar essa ação constitucional, no tocante a sua coletividade, passa pela discussão acerca da taxatividade ou não do rol de legitimados para o seu ajuizamento.

Conforme dito anteriormente, há entendimento no sentido da não taxatividade do rol de legitimados para o ajuizamento do Mandado de Segurança Coletivo. Partindo desse pressuposto, há corrente doutrinária que defende a legitimidade de outros entes aptos a ajuizar outras demandas coletivas para também ajuizar o instituto ora em comento.

Especificamente no que diz respeito à legitimidade do Ministério Público para impetrá-lo, entende-se que, apesar de não estar expressa essa possibilidade no artigo da Constituição e da Lei que se refere aos legitimados para essa ação, pode-se inferir a sua legitimidade para esse tipo de demanda de outros dispositivos constitucionais.

---

(80) STJ — RMS n. 34.922/GO — 2011/0138715-9.

O art. 127 da Constituição Federal de 1988 estabelece que o Ministério Público é instituição permanente, essencial à função jurisdicional do Estado, incumbindo-lhe a defesa da ordem jurídica, do regime democrático e dos interesses sociais e individuais indisponíveis.

O art. 21, parágrafo único, da Lei n. 12.016/09 afirma que podem ser tutelados por meio do Mandado de Segurança Coletivo os direitos coletivos e individuais homogêneos.

Logo, se a Constituição afirma que o Ministério Público pode tutelar esses direitos, nada impede que este ente impetre o *mandamus* coletivo para tanto.

Além disso, o art. 129, III, da Constituição Federal de 1988 é expresso ao afirmar que cumpre ao Ministério Público a defesa dos direitos difusos e coletivos.

O Superior Tribunal de Justiça assim se manifestou sobre a ampla legitimação ativa que deve ser conferida ao Ministério Público para a tutela de diretos coletivos:

> PROCESSUAL CIVIL. ADMINISTRATIVO. AÇÃO CIVIL PÚBLICA. TELEFONIA MÓVEL. CLÁUSULA DE FIDELIZAÇÃO. DIREITO CONSUMERISTA. LEGITIMIDADE ATIVA DO MINISTÉRIO PÚBLICO. ARTS. 81 E 82 DO CÓDIGO DE DEFESA DO CONSUMIDOR. ART. 129, III, DA CF. LEI COMPLEMENTAR N. 75/93. ILEGITIMIDADE PASSIVA DA UNIÃO OU QUAISQUER DOS ENTES ELENCADOS NO ART. 109 DA CF/88. PROCESSUAL CIVIL. AGRAVO DE INSTRUMENTO. ANTECIPAÇÃO DE TUTELA. PREENCHIMENTO DOS PRESSUPOSTOS DO ART. 273 DO CPC. SÚMULA N. 7/STJ. JULGAMENTO *EXTRA PETITA*. INOCORRÊNCIA. VIOLAÇÃO DO ART. 535, I e II, DO CPC. NÃO CONFIGURADA. 1. O Ministério Público ostenta legitimidade para a propositura de Ação Civil Pública em defesa de direitos transindividuais, como sói ser a pretensão de vedação de inserção de cláusulas de carência e fidelização, que obrigam a permanência do contratado por tempo cativo, bem como a cobrança de multa ou valor decorrente de cláusula de fidelidade (nos contratos vigentes) celebrados pela empresa concessionária com os consumidores de telefonia móvel, ante a *ratio essendi* do art. 129, III, da Constituição Federal, arts. 81 e 82 do Código de Defesa do Consumidor e art. 1º da Lei n. 7.347/85. Precedentes do STF (AGR no RE n. 424.048/SC, DJ 25.11.2005) e STJ (REsp n. 806.304/RS, Primeira Turma, DJ de 17.12.2008; REsp n. 520.548/MT, Primeira Turma, DJ 11.5.2006; REsp n. 799.669/RJ, Primeira Turma, DJ 18.2.2008; REsp n. 684.712/DF, Primeira Turma, DJ 23.11.2006 e AgRg no REsp n. n. 633.470/CE, Terceira Turma, DJ 19.12.2005). 2. [...] 3. A nova ordem constitucional erigiu um autêntico "concurso de ações" entre os instrumentos de tutela dos interesses transindividuais e, *a fortiori*, legitimou o Ministério Público para o manejo dos mesmos. 4. O novel art.

129, III, da Constituição Federal habilitou o Ministério Público à promoção de qualquer espécie de ação na defesa de direitos difusos e coletivos não se limitando à ação de reparação de danos. 5. Hodiernamente, após a constatação da importância e dos inconvenientes da legitimação isolada do cidadão, não há mais lugar para o veto da *legitimatio ad causam* do MP para a Ação Popular, a Ação Civil Pública ou o Mandado de Segurança coletivo. 6. Em consequência, legitima-se o *Parquet* a toda e qualquer demanda que vise à defesa dos interesses difusos e coletivos, sob o ângulo material ou imaterial. 7. Deveras, o Ministério Público está legitimado a defender os interesses transindividuais, quais sejam os difusos, os coletivos e os individuais homogêneos. [...] 20. Recurso Especial parcialmente conhecido e, nesta parte, desprovido.[81]

Assim, ao Ministério Público deve ser reconhecida a legitimidade ativa para impetrar o Mandado de Segurança Coletivo, pois se a tutela dos direitos coletivos (em sentido amplo) foi constitucionalmente conferida a esta entidade, não se devem limitar os meios através dos quais essa proteção pode ser levada a efeito.

De outro lado, sob a mesma perspectiva, nada obstante, também, a inexistência de expressa previsão legal específica a respeito da legitimação ativa da Defensoria Pública[82] para a dedução de Mandado de Segurança Coletivo, temos para nós que, enquanto Instituição "essencial à função jurisdicional do Estado, incumbindo-lhe a orientação jurídica e a defesa, em todos os graus, dos necessitados" (art. 134 da CF) e concretizadora dos direitos humanos[83], não pode ser tolhida no seu direito de se servir de tal remédio constitucional para a salvaguarda dos interesses do grupo vulnerável que estiver a defender.

Ademais, a junção legal da Lei n. 7.347/85 e art. 4º, VII, IX e X, da Lei Complementar n. 80/94 expressam a junção do microssistema de tutela coletiva vigente reconhecido no REsp n. 1.106.515-MG, de maneira a evidenciar a saciedade tal possibilidade.

A propósito:

PROCESSUAL CIVIL. RECURSO ESPECIAL. LEGITIMIDADE DA DEFENSORIA PÚBLICA PARA AJUIZAR AÇÃO CIVIL PÚBLICA. ART. 134 DA CF. ACESSO À JUSTIÇA. DIREITO FUNDAMENTAL. ART. 5º, XXXV,

---

(81) STJ — REsp n. 700.206/MG — 2004/0157950-3.
(82) "[...] A Advocacia não se confunde com a Defensoria Pública. Esta é instituição essencial à função jurisdicional do Estado, incumbindo orientação jurídica e a defesa, em todos os graus, dos necessitados, na forma do art. 5º, LXXXIV (Const., art. 134). O Defensor Público, ao contrário do advogado exerce função pública. O advogado, designado para exercer defesa de alguém, exerce *munus publicum* [...]" (STJ. RHC n. 3.900/SP — RO em HC — 6ª T. — Rel. Min. Luiz Vicente Cernicchiaro — DJ 3.4.1995, p. 8.148).
(83) STF — ADI n. 3.819/PE, Rel. Min. Sepúlveda Pertence, Pleno, julgado em 2.4.2007, DJ 11.5.2007.

DA CF. ARTS. 21 DA LEI N. 7.347/85 E 90 DO CDC. MICROSSISTEMA DE PROTEÇÃO AOS DIREITOS TRANSINDIVIDUAIS. AÇÃO CIVIL PÚBLICA. INSTRUMENTO POR EXCELÊNCIA. LEGITIMIDADE ATIVA DA DEFENSORIA PÚBLICA PARA AJUIZAR AÇÃO CIVIL PÚBLICA RECONHECIDA ANTES MESMO DO ADVENTO DA LEI N. 11.448/07. RELEVÂNCIA SOCIAL E JURÍDICA DO DIREITO QUE SE PRETENDE TUTELAR. RECURSO NÃO PROVIDO. 1. A Constituição Federal estabelece no art. 134 que "A Defensoria Pública é instituição essencial à função jurisdicional do Estado, incumbindo-lhe a orientação jurídica e a defesa, em todos os graus, dos necessitados, na forma do art. 5º, LXXIV". Estabelece, ademais, como garantia fundamental, o acesso à justiça (art. 5º, XXXV, da CF), que se materializa por meio da devida prestação jurisdicional quando assegurado ao litigante, em tempo razoável (art. 5º, LXXVIII, da CF), mudança efetiva na situação material do direito a ser tutelado (princípio do acesso à ordem jurídica justa). 2. Os arts. 21 da Lei da Ação Civil Pública e 90 do CDC, como normas de envio, possibilitaram o surgimento do denominado Microssistema ou Minissistema de proteção dos interesses ou direitos coletivos amplo senso, com o qual se comunicam outras normas, como os Estatutos do Idoso e da Criança e do Adolescente, a Lei da Ação Popular, a Lei de Improbidade Administrativa e outras que visam tutelar direitos dessa natureza, de forma que os instrumentos e institutos podem ser utilizados para "propiciar sua adequada e efetiva tutela" (art. 83 do CDC). 3. Apesar do reconhecimento jurisprudencial e doutrinário de que "A nova ordem constitucional erigiu um autêntico 'concurso de ações' entre os instrumentos de tutela dos interesses transindividuais" (REsp n. 700.206/MG, Rel. Min. Luiz Fux, Primeira Turma, DJe 19.3.2010), a ação civil pública é o instrumento processual por excelência para a sua defesa. 4. A Lei n. 11.448/07 alterou o art. 5º da Lei n. 7.347/85 para incluir a Defensoria Pública como legitimada ativa para a propositura da ação civil pública. Essa e outras alterações processuais fazem parte de uma série de mudanças no arcabouço jurídico-adjetivo com o objetivo de, ampliando o acesso à tutela jurisdicional e tornando-a efetiva, concretizar o direito fundamental disposto no art. 5º, XXXV, da CF. 5. *In casu*, para afirmar a legitimidade da Defensoria Pública bastaria o comando constitucional estatuído no art. 5º, XXXV, da CF. 6. É imperioso reiterar, conforme precedentes do Superior Tribunal de Justiça, que a *legitimatio ad causam* da Defensoria Pública para intentar ação civil pública na defesa de interesses transindividuais de hipossuficientes é reconhecida antes mesmo do advento da Lei n. 11.448/07, dada a relevância social (e jurídica) do direito que se pretende tutelar e do próprio fim do ordenamento jurídico brasileiro: assegurar a dignidade da pessoa humana, entendida com o núcleo central dos direitos fundamentais. 7. Recurso especial não provido. (STJ — REsp n. 1.106.515/MG 2008/0259563-1, Relator: Ministro Arnaldo Esteves Lima, Data de Julgamento: 16.12.2010, T1 — Primeira Turma, Data de Publicação: DJe 2.2.2011).

Quanto à pertinência temática para a propositura do *writ*, o fato de o objeto poder repercutir além dos interesses dos comprovadamente necessitados não possui o condão de afastar a legitimidade da Defensoria Pública[84]. O que não se admite é a propositura exclusivamente de uma categoria de pessoas que não se encontrem na condição de necessitadas, mesmo porque estar-se-ia fugindo da finalidade essencial para que foi criada.

2.7. DIREITOS QUE PODEM SER OBJETO DO MANDADO DE SEGURANÇA COLETIVO

De acordo com o disposto no art. 21, parágrafo único, da Lei n. 12.016/09, os direitos protegidos pelo Mandado de Segurança Coletivo podem ser:

> I — coletivos, assim entendidos, para efeito da Lei n. 12.016/09, os transindividuais, de natureza indivisível, de que seja titular grupo ou categoria de pessoas ligadas entre si ou com parte contrária por uma relação jurídica básica;

> II — individuais homogêneos, assim entendidos, para efeito da Lei n. 12.016/09, os decorrentes de origem comum e da atividade ou situação específica da totalidade ou de parte dos associados ou membros do impetrante.

As definições de direitos coletivos e individuais homogêneos estabelecidas na Lei n. 12.016/09 são bastante assemelhadas às que constam no art. 81, incisos II e III, do Código de Defesa do Consumidor.

Interessante observar que os direitos difusos não foram incluídos pela referida lei na proteção do Mandado de Segurança Coletivo, apesar de o Supremo Tribunal Federal já ter se manifestado no sentido de entender cabível o ajuizamento do *mandamus* para defender direitos difusos (RE n. 196.184/AM).

Para Marinoni e Mitidiero, tal omissão significa verdadeiro retrocesso não se devendo interpretá-la literalmente. Eis as suas palavras:

> O mandado de segurança coletivo pode ser impetrado para tutela de direitos individuais ou para tutela de direitos coletivos — direitos coletivos, difusos e individuais homogêneos. Impedir a tutela de direitos difusos mediante mandado de segurança

---

(84) "Os Defensores Públicos além de Operadores de Direito, por terem oportunidade de lidar com uma camada mais desprotegida e desinformada da população, são também agentes de mudança, atuando numa educação informal do povo para conscientizá-lo da cidadania que possuem. Ao informar a parte de seu direito o Defensor Público faz mais do que apenas *defender um direito subjetivo, ele muda paulatinamente uma consciência social.*" (ROBERT, Cínthia; SÉGUIN, Elida. *Direitos humanos, acesso à justiça:* um olhar da defensoria pública. Rio de Janeiro: Forense, 2000. p. 225).

coletivo a partir de uma interpretação literal do art. 21 da Lei n. 12.016, importa inquestionável retrocesso na proteção do direito fundamental à tutela adequada dos direitos. A alusão à tutela coletiva mediante mandado de segurança revela a preocupação constitucional com a dimensão coletiva dos direitos — e com isso dá azo ao reconhecimento da dignidade outorgada pela nossa Constituição aos novos direitos. Com isso, o mandado de segurança desloca-se da esfera de influência do Estado Legislativo — em que sobressai a necessidade de proteção do indivíduo contra o Estado tão somente — e passa a integrar os domínios do Estado Constitucional, sendo veículo adequado também para prestação de tutela aos novos direitos em que a transindividualidade está normalmente presente.[85]

Logo, o ajuizamento do Mandado de Segurança Coletivo para a proteção de direitos difusos, assim entendidos os transindividuais, de natureza indivisível, de que sejam titulares pessoas indeterminadas e ligadas por circunstâncias de fato, conforme definição do art. 81, inciso I, do Código de Defesa do Consumidor, deve ser defendido e praticado, pois inexiste qualquer razão lógica para a exclusão de tais direitos do âmbito de tutela dessa ação coletiva.

Por fim, interessante colacionar decisão do STF que exige que os direitos defendidos em Mandado de Segurança Coletivo devem guardar pelo menos certa comunhão de suporte fático a fim de evitar a necessidade de exame de forma particularizada da situação de cada substituído, o que seria inviável em sede de ação coletiva:

> PROCESSUAL CIVIL — MANDADO DE SEGURANÇA COLETIVO — PECULIARIDADES QUE DEVEM SER OBSERVADAS QUANDO DA IMPETRAÇÃO — AUSÊNCIA DE IDENTIDADE DE SUPORTE FÁTICO ENTRE OS DIREITOS DOS SUBSTITUÍDOS — DESCABIMENTO DO *WRIT*. 1. Em sede de mandado de segurança coletivo é necessário que os apontados direitos guardem certa comunhão de suporte fático, sob pena de tornar necessário ao órgão julgador, para concluir pela legitimidade passiva da autoridade coatora e pela existência de direito líquido certo, que examine de forma particularizada a situação de cada substituído, providência inviável em sede de ação coletiva. Precedente. 2. Mandado de segurança extinto sem resolução do mérito.[86]

---

(85) *Op. cit.*, p. 690.
(86) STF — MS n. 14.474/DF — 2009/0128270-4.

2.8. Coisa julgada e a litispendência

O art. 22, *caput*, da Lei n. 12.016/09 afirma que no Mandado de Segurança Coletivo, a sentença fará coisa julgada limitadamente aos membros do grupo ou categoria substituídos pelo impetrante.

Referido artigo, como dito antes, teve o mérito de consagrar a natureza jurídica da legitimidade ativa para impetrar o Mandado de Segurança Coletivo como de substituição processual.

Diferentemente da disciplina prevista para as demais ações coletivas no Código de Defesa do Consumidor em que a coisa julgada para direitos coletivos e individuais homogêneos é *secundum eventum probationem* e *secundum eventum litis* (art. 103, II e III), a Lei n. 12.016/09 previu a formação de coisa julgada material independentemente do resultado do *mandamus*, sendo suficiente que a sentença seja de mérito e transitada em julgado.

Quanto à litispendência, o parágrafo primeiro do art. 22 afirma que o Mandado de Segurança Coletivo não induz litispendência para as ações individuais, mas os efeitos da coisa julgada não beneficiarão o impetrante a título individual se este não requerer a desistência de sua ação no prazo de trinta dias a contar da ciência comprovada da impetração da segurança coletiva.

O Código de Defesa do Consumidor, em seu art. 104, exige, diversamente, que o interessado requeira a suspensão e não a desistência do processo individual em trinta dias contados da ciência do Mandado de Segurança Coletivo.

Importante ressaltar que a referida desistência do processo individual pode ocorrer em qualquer tempo ou grau de jurisdição, ainda que a impetração individual tenha recebido a sentença de improcedência.

2.9. A liminar no Mandado de Segurança Coletivo

O parágrafo segundo do art. 22 da Lei n. 12.016/09 afirma que no Mandado de Segurança Coletivo, a liminar só poderá ser concedida após a audiência do representante judicial da pessoa jurídica de direito público, que deverá se pronunciar no prazo de 72 horas.

Previsão semelhante encontramos no art. 2º da Lei n. 8.437/92, que dispõe sobre a concessão de medidas cautelares contra atos do Poder Público e dá outras providências.

Essa proibição de concessão de liminar *inaudita altera pars*, que consiste em verdadeira prerrogativa do impetrado, foi relativizada em algumas hipóteses pela jurisprudência, a exemplo do REsp n. 1.018-614/PR, em um caso de ação civil pública que visava punir atos de improbidade administrativa. Referido precedente pode servir de parâmetro para situação assemelhada, a depender do caso concreto, em hipótese de urgência e/ou perigo de ineficácia do provimento liminar no Mandado de Segurança Coletivo.

O Instituto da Suspensão da Segurança

3.1. Introdução

Dentre as várias inovações advindas com a Lei n. 12.016/09, oportuno destacar a existência do controvertido incidente da Suspensão da Segurança, disciplinado no art. 15, *caput*, da citada lei, objeto central desta pesquisa.

Muito criticado pela doutrina, sobretudo pela sua inconstitucionalidade, este incidente, também chamado como pedido de suspensão, foi timidamente previsto no art. 13 da revogada Lei n. 1.533/1951.

Na verdade, ensina a doutrina que se trata de um expediente que visa a conferir efeito suspensivo a liminar deferida em *mandamus*, bem como, frente à eficácia e executoriedade da sentença concessiva da segurança.

Trata-se de uma medida anômala com a finalidade específica de paralisar, suspender, neutralizar ou imunizar os efeitos de uma decisão favorável proferida ao impetrante, com invocação da possibilidade de lesão à ordem, saúde, segurança e à economia popular.

Quanto à legitimidade ativa, o aludido artigo preceitua que somente detém interesse a pessoa jurídica de direito público interessada, além do Ministério Público, devendo ser dirigida por simples petição ao presidente do Tribunal.

Assim, a literalidade do texto legal:

> Art. 15. Quando, a requerimento de pessoa jurídica de direito público interessada ou do Ministério Público e para evitar grave lesão à ordem, à saúde, à segurança e à economia públicas, o presidente do tribunal ao qual couber o conhecimento do respectivo recurso suspender, em decisão fundamentada, a execução da liminar e da sentença, dessa decisão caberá agravo, sem efeito suspensivo, no prazo de 5 (cinco) dias, que será levado a julgamento na sessão seguinte à sua interposição.[87]

Como se verá, sua existência no estudo em comento fere de morte a própria essência jurídica do *mandamus*, sendo uma autêntica contradição dentro da dimensão protetiva que a ação de Mandado de Segurança, desde os seus primórdios, visa assegurar.

3.2. Evolução histórica e legislativa

Como antes debatido no intróito deste capítulo, o instituto ora em comento não é novo, advindo com a atual legislação reguladora do *mandamus*.

Com efeito, o pedido de suspensão foi inicialmente previsto no art. 4º da Lei n. 4.348/1964, apesar de que alguns defendem sua origem no art. 13 da Lei n. 191/1936.

No decorrer do tempo, ganhando um formato jurídico próprio, a Lei da ACP, quer seja, Lei n. 7.347/85, no seu art. 12 previu a hipótese do pedido de suspensão nas hipóteses de concessão liminar dentro do ambiente jurídico da ação civil pública.

Também, a Lei n. 8.038/90 regulou a suspensão de liminar dentro do Superior Tribunal de Justiça, por meio de seu art. 25.

De igual forma, as Leis ns. 8.437/1992, 9.494/1997 e 9.507/97, em seus ambientes, sobretudo de vedar a concessão liminar em face da Fazenda Pública, acabaram por aprimorar o pedido de suspensão de segurança.

---

(87) Art. 15 da Lei n. 12.016/2009.

Assim, foi o atual diploma legal regulador do *mandamus* que conferiu uma melhor compleição jurídica da temática ora debatida, como leciona o jurista mineiro Elpídio Donizetti:

> Tal instituto, mais conhecido por suspensão de segurança, por ter sido primeiramente concebido pela Lei n. 4.348/64, revogada pela Lei n. 12.016/09, que atualmente disciplina o mandado de segurança individual e coletivo, constitui incidente processual com finalidade *sui generis*, pois permite a suspensão da decisão contra a Fazenda independentemente de *error in judicando* ou *in procedendo*; basta que haja manifesto interesse público ou flagrante ilegitimidade e a possibilidade de grave lesão à ordem, à saúde, à segurança, ou à economia públicas.[88]

Na mesma toada, o ensinamento de Haroldo Lourenço:

> A nova Lei procurou melhor disciplinar a figura da suspensão de segurança das decisões proferidas contra o poder público, que existia tanto para o mandado de segurança, como para outras ações em que a Fazenda Pública viesse a ser ré.[89]

3.3. Análise conceitual

Pois bem, após a necessária introdução e aferição da temática por meio de sua evolução histórica, salutar e imprescindível também compreender o pedido de suspensão da segurança com base no conceito doutrinário.

É que existem várias concepções acerca do instituto, ora o compreendendo como recurso, ora como incidente processual.

Também, há a tese de que o pedido detém cunho administrativo, no gênero político.

Porém, a melhor e mais tecnica conceituação do pedido o coloca no patamar de um autêntico incidente processual.

Não pode ser um recurso processual, eis que não taxativamente previsto na letra da lei, conforme orienta o princípio instrumental da taxatividade.

---

[88] *Op. cit.*, p. 346.
[89] LOURENÇO, Haroldo. *Manual de direito processual civil*. Rio de Janeiro: Forense, 2013. p. 972.

Lado outro, pouco há de fundamentos para reconhecê-lo como ato administrativo, já que suspende pronunciamentos judiciais, como liminares e sentenças, razão por que admiti-lo como mero expediente administrativo seria o mesmo que ferir a independência dos Poderes.

De novo o magistério de Haroldo Lourenço a respeito:

> Em síntese, havendo uma decisão contrária aos interesses da Fazenda Pública, concomitantemente com a possibilidade de recorrer, é possível um pedido de suspensão da decisão ao Presidente do Tribunal ao qual couber conhecer do recurso em face da decisão.[90]

O conhecido jurista Humberto Theodoro Júnior, por sua vez, de forma sintetizada:

> A liminar e até a própria sentença concessiva da segurança, enquanto pende de julgamento definitivo o processo, podem ter seus efeitos suspensos através do incidente denominado suspensão de segurança.[91]

Por seu turno, a lição conceitual de Bruno Garcia Redondo:

> A suspensão de liminar e sentença é vista pela doutrina como uma medida de proteção do interesse público contra qualquer decisão judicial que, dotada de eficácia imediata, possa causar danos que transcendem o objeto do litígio e afetem bens públicos relevantes.[92]

3.4. REQUISITOS

A doutrina, realizando uma interpretação finalística do pedido de suspensão, entende que, basicamente, existem dois requisitos basilares, quer seja, a plausibilidade da tese da Fazenda Pública e a ocorrência do *periculum in mora inverso*.

O primeiro requisito envolve a ilegalidade da decisão judicial, vale dizer, tem a Fazenda Pública que demonstrar a ilicitude do pronunciamento liminar.

---
(90) *Op. cit.*, p. 972.
(91) THEODORO JUNIOR, Humberto. *O mandado de segurança segundo a Lei n. 12.016/2009*. Rio de Janeiro: Forense, 2009. p. 28.
(92) REDONDO, Bruno Garcia. *Mandado de segurança:* comentários à Lei n. 12.016/2009. Rio de Janeiro: Forense, 2009. p. 39.

De novo, nesse sentido, o magistério de Bruno Garcia Redondo:

> Ressalta-se que o fundamento do pedido de suspensão não é apenas a lesão grave à ordem, à saúde, à segurança ou à economia públicas, mas, também a ilegalidade da decisão judicial. O Julgador deve convencer-se dos dois fundamentos, para deferir a suspensão.[93]

O professor Elpídio Donizetti, também, nesse sentido esclarece que:

> Em vista de tais requisitos é que se costuma chamar a suspensão de segurança de contracautela, por se destinar a sustar a cautela anteriormente deferida. É de se observar que o fundamento do pedido não se assenta em bases jurídicas, mas na repercussão negativa da decisão no interesse público.[94]

Em linhas gerais, fácil perceber que a doutrina não diverge quanto aos pressupostos de convolação da suspensão da segurança, seja da liminar ou mesmo do comando sentencial, sendo, basicamente, dois, ou seja, a demonstração da tese da Fazenda Pública, vale dizer, a plausibilidade de ilicitude do ato inquinado, bem como deve demonstrar a Pessoa Jurídica de Direito Público que o pronunciamento judicial, objeto do pedido de suspensão, fere ou mesmo viola, de forma grave, a ordem, saúde, segurança e a economia pública.

3.5. ASPECTOS CONTROVERTIDOS FRENTE AO DIREITO POSITIVO

Ao que se viu, o pedido de suspensão de segurança dentro do rito preconizado do *mandamus* não encontra óbice, tampouco vedação jurídica, dentro do vigente contexto do Direito Positivo, eminentemente garantidor.

É que o ambiente jurídico existente remonta ao Estado do bem-estar social, o conhecido *welfare state*.

Neste contexto, evidente que a existência do *mandamus* demonstra a preocupação de todo um sistema jurídico pelo resguardo e respeitabilidade dos direitos hodiernos, sob pena de ser apenas um instrumento declarador de um direito, sem seus contornos práticos.

---

(93) *Op. cit.*, p. 135.
(94) *Op. cit.*, p. 346.

Ora, nesta dimensão, que essencialmente explica a existência e justificativa do próprio Mandado de Segurança, o pedido de suspensão, a temática desta pesquisa, não encontra sintonia.

Sem falar do espírito garantidor do vigente contexto estatal constitucional, também é consenso no Direito Processual que a ordem jurídica há de ser entrega de forma absoluta, eficiente e, acima de tudo, justa.

O ilustre professor Luiz Guilherme Marinoni leciona que:

> A tutela jurisdicional consiste na predisposição a todos de um processo justo, adequado e efetivo, com todos os meios necessários à obtenção do melhor resultado possível para a situação levada a juízo.[95]

Logo, a instrumentalidade de qualquer rito processual deve galgar a entrega de uma tutela jurisdicional de forma coesa e eficiente.

Infelizmente, o pedido de suspensão não guarda azo com esse intento, aliás, impregnado pelo Constituinte com a ampla reforma do Judiciário advinda com a Emenda Constitucional n. 45/2004.

Entretanto, a incongruência não para por aqui.

É que aludido pedido confere em demasia ao ente estatal uma ferramenta de superpoder, que faz cair por terra diversos princípios processuais, dentre eles o da paridade das armas no processo.

Evidente que não existe em favor do impetrante a mesma e inusitada engenharia processual criada na lei e em prol unicamente do ente estatal.

Apenas por argumentar, tal tratamento tem sido conferido pelo legislador processual há muito tempo aos órgãos públicos, que já transportam consigo os conhecidos aspectos processuais do prazo em dobro para recurso, em quádruplo para contestar, intimações pessoais, reexame necessário, sistema de precatórios etc.

E aqui, o forte incidente da suspensão da segurança também em prol da Fazenda Pública, desequilibrando a balança da perquirição processual.

Elpídio Donizetti, com singular maestria, ensina neste sentido que:

> Consagrado no *caput* do art. 5º da CF e no art. 125, I, do CPC, o princípio da isonomia relaciona-se à ideia de processo justo, no qual seja dispensado às partes e procuradores idêntico trata-

---

(95) MARINONI, Luiz Guilherme. *Código de processo civil comentado*. São Paulo: RT, 2011. p. 98.

mento. A igualdade objeto de garantia constitucional, portanto, é a igualdade substancial, material, e não a meramente formal.[96]

Ocorre que no rito do *mandamus*, o disparate traz nefastas consequências, já que ao mesmo tempo que tutela, de outro lado, comprovados os requisitos, suspende a segurança proclamada em prol de um direito líquido e certo.

Notoriamente, a única defesa que agasalha a constitucionalidade do pedido de segurança no cenário pátrio é a existência do interesse público.

Ora, mas o tratamento igualitário na realização da justiça e a entrega de forma justa, adequada e eficiente representam um ideário coletivo imensurável e acima de qualquer interesse, já que impregnado na vontade do Poder Originário e elevado a estatura constitucional.

Ademais, o pedido de segurança como legalmente disposto, tecnicamente, neutraliza a própria essência do *mandamus*, relativizando a sua importância e utilidade dentro do vigente estado constitucional garantidor.

E mais, sabe-se que o próprio instituto da Tutela Antecipada, inserto no art. 273 do CPC, possui aplicabilidade plena contra a Fazenda Pública, satisfazendo o direito material evidente perseguido. Por qual razão, portanto, o pronunciamento do Mandado de Segurança pode ser suspenso por um simples pedido ao presidente do Tribunal?

A propósito, assim ensina o jurista mineiro Ernane Fidélis:

> Não há restrição à antecipação da tutela por razão alguma, podendo ser concedida em qualquer procedimento e contra qualquer pessoa que seja, inclusive as de direito público, sendo inconstitucional qualquer Lei que, porventura, venha querer diminuir-lhe a extensão.[97]

Ademais, a própria vedação acerca do pronunciamento liminar contra os órgãos públicos atualmente se vê fragilizada, até mesmo em face do conhecido princípio do Poder Geral de Cautela.

Logo, diversas são as linhas jurídicas a demonstrar que o pedido de Suspensão de Segurança traz em si fortes descompassos com o atual regramento jurídico, conferindo um grandioso poder processual para a Fazenda Pública, que certamente trará em seu pedido contornos eminentemente políticos.

---

(96) *Op. cit.*, p. 92.
(97) SANTOS, Ernane Fidélis. *Novíssimos perfis do processo civil brasileiro*. Belo Horizonte: Del Rey, 1999. p. 45.

Como defendido, aceitar sua viabilidade jurídica implica na inviabilidade da proteção que o *mandamus* procurar proclamar.

A plausibilidade para a proclamação da segurança ao impetrante deve prevalecer em face de um mero pedido, unilateral, sem contraditório, submetido a um órgão colegiado superior e que faz a apreciação sem o mesmo espírito da aferição de qualquer modalidade recursal.

Tecnicamente, caberia ao impetrado, quiçá à Fazenda Pública, se insurgir contra a proclamação liminar ou mesmo sentencial por meio dos mesmos mecanismos processuais dispostos e extensíveis a qualquer jurisdicionado.

Antes de ser uma ofensa à ordem, moral, saúde, segurança, enfim, o ato inquinado pelo *mandamus* foi ilegal ou arbitrário, também lesivo às atribuições que são esperadas da Administração Pública, conforme art. 37 da Magna Carta.

Não dá para compreender a consonância do pedido de segurança com o contexto jurídico vigente, tampouco com as ferramentas e princípios processuais, além, é claro, da notória essência garantidora do Mandado de Segurança.

Mais uma vez a lição de Bruno Garcia Redondo a respeito:

> No entanto, a parte contra a qual o Poder Público está litigando no processo não tem o mesmo remédio à sua disposição.[98]

Evidente que há uma conjugação de valores a serem observados, mas a interpretação que deve ser feita é a sistêmica, conjuntural, teleológica, e não apenas literal ou finalística.

Como demonstrado e defendido, aceitar hodiernamente o pedido de suspensão como inserto no plano legislativo demonstra uma sensível incongruência processual e principiológica.

Seguindo essa linha de raciocínio, de desrespeito ao Princípio de Direito, o conceituado mestre e destacado jurista, professor Celso Antônio Bandeira de Melo elucida que:

> Violar um princípio é muito mais grave que transgredir uma norma qualquer. A desatenção ao princípio implica ofensa não apenas a um específico mandamento obrigatório, mas a todo o sistema de comandos. É a mais grave forma de ilegalidade ou inconstitucionalidade, conforme o escalão do princípio atingido,

---

[98] *Op. cit.*, p. 128.

porque representa insurgência contra todo o sistema, subversão de seus valores fundamentais, contumélia irremissível a seu arcabouço lógico e corrosão de sua estrutura mestra. Isto porque, com ofendê-lo, abatem-se as vigas que o sustêm e alui-se toda a estrutura nelas esforçadas.[99]

---

[99] MELLO, Celso Antonio Bandeira. *Curso de direito administrativo*. 12. ed. São Paulo: Malheiros, 1998. p. 748.

4

Temas Controversos sobre Mandado de Segurança

4.1. Teoria da Encampação

Como se viu até aqui, o instituto em comento demonstra notável fertilidade jurídica.

É que as diversas nuanças deste modal refletem a sua contundente importância no cenário jurídico pátrio, onde necessário se torna o seu habitual estudo.

Neste contexto, a conhecida Teoria da Encampação, que nada mais é que um estudo particularizado de legitimidade e competência.

Em suma, essa teoria revela o ingresso correto da autoridade coatora ou mesmo da pessoa jurídica a que ela pertença no feito a fim de suprimir o vício e, em decorrência, permite o julgamento do *mandamus*.

Evidenciado esse aspecto, deve o juiz determinar a emenda da inicial ou, na hipótese de erro escusável, corrigi-lo de ofício, e não extinguir o processo sem julgamento do mérito. Apesar de a autoridade coatora ser incorreta poderia prosseguir pela pessoa jurídica.

Como se vê, está intimamente ligada a aspectos de legitimidade passiva, no tocante ao certeiro apontamento da autoridade coatora, cujo ato deve o *writ* corrigir.

A aplicação dessa teoria requer o preenchimento de alguns requisitos, conforme amoldamento jurisprudencial:

— entre encampante e encampado ocorra vínculo hierárquico;

— que o ingresso do encampante não modifique a competência para o julgamento do Mandado de Segurança;

— as informações prestadas pela autoridade encampada tenham esclarecido a questão.

Sendo a jurisprudência fonte informadora da ciência jurídica, também, nesta vigente teoria, o colendo STJ bem amoldou seu campo de pouso, senão vejamos:

> [...] a despeito da indicação errônea da autoridade apontada como coatora, se esta, sendo hierarquicamente superior, não se limita a alegar sua ilegitimidade, ao prestar informações, mas também defender o mérito do ato impugnado, encampa referido ato, tornando-se legitimada para figurar no polo passivo da ação mandamental.[100]

TRIBUTÁRIO. PROCESSO CIVIL. MANDADO DE SEGURANÇA. AUTORIDADE COATORA. LEGITIMIDADE. ISS. EMPRESA PRESTADORA DE TRABALHO TEMPORÁRIO. BASE DE CÁLCULO QUE ABRANGE, ALÉM DA TAXA DE AGENCIAMENTO, OS VALORES RELATIVOS AO PAGAMENTO DOS SALÁRIOS E ENCARGOS SOCIAIS REFERENTES AOS TRABALHADORES CONTRATADOS PELA "EMPRESA DE TRABALHO TEMPORÁRIO". 1. É aplicável a teoria da encampação em casos de mandado de segurança sempre que, cumulativamente, estiverem cumpridos os seguintes requisitos: (i) discussão do mérito nas informações; (ii) subordinação hierárquica entre a autoridade efetivamente coatora e a apontada como tal pela inicial e (iii) inexistência de modificação de competência. [...].[101]

---

(100) STJ, AgRg no REsp n. 697.931/MT, j. 28.2.2007. e-Dje 7.4.2008.
(101) STJ, REsp n. 118.5275, Rel. Min. Mauro Campbell, 23.9.2011.

AGRAVO REGIMENTAL EM RECURSO ORDINÁRIO EM MANDADO DE SEGURANÇA. PROCESSUAL CIVIL. ILEGITIMIDADE PASSIVA DO SECRETÁRIO DE ESTADO. TEORIA DA ENCAMPAÇÃO. INAPLICABILIDADE. MODIFICAÇÃO DA COMPETÊNCIA DO TRIBUNAL DE JUSTIÇA ESTADUAL. 1. O Secretário de Fazenda do Estado de Pernambuco é parte ilegítima para figurar no polo passivo de mandado de segurança em que se discute auto de infração lavrado em decorrência do não pagamento de ICMS. 2. "A teoria da encampação é aplicável ao mandado de segurança tão somente quando preenchidos os seguintes requisitos: (i) existência de vínculo hierárquico entre a autoridade que prestou informações e a que ordenou a prática do ato impugnado; (ii) ausência de modificação de competência estabelecida na Constituição Federal; e (iii) manifestação a respeito do mérito nas informações prestadas". (REsp n. 818.473/MT, Relator Ministro Luiz Fux, Primeira Turma, DJe 17.12.2010). 3. Inaplicabilidade da teoria da encampação, pena de ampliação indevida da competência originária do Tribunal de Justiça, que não abrange a competência para julgar mandado de segurança impetrado em face de ato do Diretor de Administração Tributária. Precedentes. 4. Agravo regimental improvido.[102]

Importante o estudo da teoria que bem assegura uma economia de atos processuais, visando a relevar não o instrumento em si, mas, sobretudo, o alcance da resposta perseguida com o manejo do *mandamus*.

Certo é que a teoria visa aproveitar atos processuais, ainda que não corretamente alocados no ingresso da *actio*, contudo, a essência da instrumentalidade das formas é vista como meio útil par atingir uma resposta de mérito.

4.2. DA INTERVENÇÃO ANÔMALA (ART. 5º DA LEI N. 9.469/97) E EXCLUSÃO DE HONORÁRIOS

A nova lei silenciou-se, assim como a revogada, sobre a possibilidade da provocação ou voluntariedade do uso da intervenção de terceiros.

Os parâmetros utilizados pela doutrina e jurisprudência diagnosticaram a incompatibilidade de tal instituto com a celeridade esperada de tal ação.

A legislação somente admitiu o litisconsórcio[103], não sendo admitida, também, a intervenção na forma de assistência[104].

---

(102) STJ, AgRg no RMS n. 33.189, Rel. Min. Hamilton Carvalhido, 24.2.2011.
(103) Art. 24 da Lei n. 12.016/09.
(104) STJ, AgRgMS n. 5.690-DF, Rel. Min. José Delgado, DJU 24.9.2001, p. 232; STF, MS n. 24.414-DF, Rel. Min Cézar Peluso, RTJ n. 188/663.

Entretanto, o art. 5º da Lei n. 9.469/07 estatuiu a chamada intervenção anômala, de uso da União, que dispensa a demonstração, no caso concreto, do interesse jurídico, assim se dispondo, *verbis:*

Art. 5º A União poderá intervir nas causas em que figurarem, como autoras ou rés, autarquias, fundações públicas, sociedades de economia mista e empresas públicas federais.

Parágrafo único. As pessoas jurídicas de direito público poderão, nas causas cuja decisão possa ter reflexos, ainda que indiretos, de natureza econômica, intervir, independentemente da demonstração de interesse jurídico, para esclarecer questões de fato e de direito, podendo juntar documentos e memoriais reputados úteis ao exame da matéria e, se for o caso, recorrer, hipótese em que, para fins de deslocamento de competência, serão consideradas partes.

No entanto, o referido artigo não alcança o *writ* mandamental, por não haver previsão legal para que a União intervenha nos mandados de segurança, justamente por se tratar de ação de índole constitucional, que não pode ter seu alcance prejudicado por norma infralegal, mormente por sê-lo considerado (intervenção) como uma espécie de assistência[105].

É o que deixou assente o TJDF, *verbis:*

AGRAVO REGIMENTAL — MANDADO DE SEGURANÇA — QUINTOS/ DÉCIMOS — INCORPORAÇÃO — ADVOCACIA DA UNIÃO — INTERVENÇÃO — LEI N. 9.469/97, ART. 5º, PARÁGRAFO ÚNICO — APLICAÇÃO — RECURSO DESPROVIDO — MAIORIA. Não é lícito à União invocar a Lei n. 9.469/97, para intervir em Mandado de Segurança (AGR no MSG n. 2004002004933-5, julgado em 8.3.2005, DJ 14.7.2005, p. 43).

Acerca do tema, imperiosa a transcrição da ementa de acórdão do Superior Tribunal de Justiça, que, na qualidade de tutor da Lei n. 9.469/97, analisa especificamente o seu contorno, *litteris:*

---

(105) CR (ED — AgR) n. 9.790 — ESTADOS UNIDOS DA AMÉRICA. RELATOR: MINISTRO PRESIDENTE INTERVENÇÃO — UNIÃO — ART. 5º DA LEI N. 9.469/97. A intervenção prevista no art. 5º da Lei n. 9.469/97 situa-se no campo da assistência simples, longe ficando de ensejar a necessária intimação da União para implementá-la. Se a União houver por bem intervir, deverá receber o processo no estado em que se encontra — interpretação do sistema processual considerado o disposto no parágrafo único do art. 50 do Código de Processo Civil. EMBARGOS DECLARATÓRIOS — OMISSÃO — INEXISTÊNCIA DO VÍCIO. Inexistente o vício apontado — de omissão —, impõe-se o desprovimento dos declaratórios. Isso ocorre quando a ausência de exame de certa matéria, não passível de ser conhecida de ofício, haja resultado do silêncio da parte. CARTA ROGATÓRIA — CITAÇÃO — EMPRESA PÚBLICA VOLTADA AO COMÉRCIO DE ARMAS. Não implica atentado à soberania ou à ordem pública nacionais, a impedir a execução da carta rogatória, o fato de se buscar, com a medida, a citação de empresa pública federal dedicada ao comércio de armas. * Noticiado no Informativo n. 272 do STF.

PROCESSUAL — MANDADO DE SEGURANÇA — INTERVENÇÃO — PESSOA JURÍDICA DE DIREITO PÚBLICO — LEI N. 9.469/97, ART. 5º. O art. 5º, parágrafo único, da Lei n. 9.469/97 não alcança o processo de Mandado de Segurança. Bem por isso não é lícito às pessoas jurídicas de direito público invocarem o permissivo nele contido, para intervirem em tais processos (ED no AgRg no Mandado de Segurança n. 5.690-DF, Primeira Seção, Rel. Ministro Humberto Gomes de Barros, DJU 18.3.2002).

No julgado acima referido, o relator ministro Humberto Gomes de Barros, em minuciosa análise, assim se manifestou acerca do tema, *in litteris*:

> [...] O parágrafo único outorga às pessoas jurídicas de direito público o direito de intervir, como assistentes em qualquer "causa" de cujo deslinde resultem, direta ou indiretamente efeitos econômicos. A leitura descuidada leva ao entendimento de que: a) a intervenção pode acontecer em qualquer pendência. Nem sendo necessária a instauração de processo. Para que se efetivasse a intervenção, nem seria necessária a existência de processo (A Lei contenta-se com a ocorrência de "causa"); b) basta a possibilidade de a decisão ter reflexos, ainda que indiretos, de natureza econômica. A Lei não distingue o eventual paciente de tais "reflexos econômicos". Assim, não é necessário que os efeitos econômicos reflitam sobre o patrimônio da interveniente. Basta a perspectiva de reflexos econômicos. Vale dizer: a intervenção é possível, doa em quem doer. Uma separação matrimonial amigável, desde que o infeliz casal tenha patrimônio, é suscetível de sofrer intervenção das pessoas jurídicas de direito público. Como é fácil perceber, a interpretação literal outorgaria às "pessoas jurídicas de direito público" competência mais ampla do que aquela reservada ao Ministério Público. Por efeito de tais hermenêuticas essas entidades transformar-se-iam em curadoras econômicas de toda a sociedade. Como semelhante transformação representaria supino absurdo, é de se perceber que o texto foi vítima de evidentes imperfeições técnicas. Sua leitura, assim, requisita muito cuidado e algum tempero. **Em verdade, o que se permite às pessoas jurídicas de direito público é a intervenção em processos dos quais possa resultar prejuízo econômico para o Estado, na área de atividade em que atua a interveniente.** [...]. Trago comigo a convicção de que os dispositivos do Código de Processo Civil não funcionam como supletivos da Lei de Mandado de Segurança, a não ser aqueles referentes ao litisconsórcio (art. 12 da LMS) e os que disciplinam a apelação. (negritamos e grifamos)

Portanto, como visto, a intervenção anômala é fenômeno envolvendo a Fazenda Pública num sentido amplo[106], e não só a União, implicando, pois, o ingresso do ente público em qualquer feito, bastando mero interesse econômico.

Ademais, os poderes inicialmente conferidos à Fazenda são restritos, pois apenas ostentará a condição de parte caso recorra[107] da decisão proferida na causa. Tal detalhamento é de extrema importância, já que a referida norma esclarece que não se está diante de uma pretendida intervenção como assistente, nos moldes previstos no art. 109, I, da *norma normarum*, ou dos arts. 50 a 55 do CPC, mas de mera intervenção para esclarecer questões de fato e de direito, sem que haja, em razão dessa participação, desprovida de interesse jurídico, qualquer modificação no que diz respeito às partes originárias e supervenientes do processo.

Não haverá, assim, mudança nos elementos subjetivos da demanda e da relação processual. Por conseguinte, não ocorrerá, também, alteração no que diz respeito à competência, mormente por se tratar tal intervenção anômala de uma espécie de assistência, não aceita, pois, neste tipo de ação.

Quanto aos honorários advocatícios, vê-se pela literalidade da lei que incabível (art. 25), assim como a dicção das Súmulas ns. 105 do STJ e 512 do STF. No entanto, tais parâmetros acabam por agredir o art. 37, § 6º, da Constituição Federal, que impõe ao ente público responsabilidade objetiva (que engloba também a processual), sendo imperioso, desta forma, incitar um debate revisor de tal dicção.

A ressalva que se faz de forma pacífica é que, por se tratar de ação autônoma, cabível a fixação de honorários advocatícios em embargos à execução de sentença exequenda originada de Mandado de Segurança.

Nesse sentido é tranquilo o pensamento do STJ, senão vejamos:

> Cabe a fixação de honorários advocatícios, caso a execução da decisão mandamental seja embargada. Afinal, os embargos à execução, constituindo demanda à parte, com feições próprias e específicas, exige novo embate judicial, inclusive com abertura de novo contraditório regular, em face da resistência da parte adversa em dar cumprimento espontâneo ao julgado transitado em julgado. (Precedentes: AgRg no REsp n. 1.132.690/SC, Rel. Ministro Humberto

---

(106) STJ — AgRg na Pet n. 4.861/AL 2006/0125875-0, Relator: Ministra Denise Arruda, Data de Julgamento: 13.2.2007, T1 — Primeira Turma, Data de Publicação: DJ 22.3.2007, p. 281).
(107) Súmula n. 150 do STJ c.c. art. 499 do CPC.

Martins, Segunda Turma, julgado em 2.3.2010, DJe 10.3.2010; REsp n. 697.717/PR, Rel. Ministro Arnaldo Esteves Lima, Quinta Turma, julgado em 12.9.2006, DJ 9.10.2006, p. 346).

4.3. Da morosidade processual como situação ensejadora do cabimento do Mandado de Segurança

A Celeridade Processual ganhou destaque com a introdução da Emenda Constitucional n. 45, de 2004. O princípio foi introduzido na Carta Magna, em seu art. 5º, inciso LXXVIII, como garantia de um processo justo:

LXXVIII — a todos, no âmbito judicial e administrativo, são assegurados a razoável duração do processo e os meios que garantam a celeridade de sua tramitação.

No entanto, em termos práticos, a concretude de tal princípio não vem se efetivando (*abstração*) por depender de implementações de meios na própria estrutura física do judiciário.

As modificações trazidas pelo Código de Processo Civil, Estatuto do Idoso, Estatuto da Criança e Adolescente, legislação sobre Alienação Parental e outras não conseguem, em termos práticos, ter eficácia, por não trazerem detalhamentos concretos sobre a dinâmica que possam garantir a real celeridade. Talvez com a implementação do processo eletrônico (Lei n. 11.419/06) a realidade prospectiva seja outra.

A despeito de tal situação, exsurge, no caso de lentidão processual, observado cada caso, a possibilidade se questionar, com chancela do Supremo Tribunal Federal[108], possíveis violações à razoável duração do processo.

É evidente que celeridade não pode ser sinônimo de arbitrariedade, mas não se pode, também, negar a aplicabilidade imediata e eficácia plena à garantia constitucional da razoável duração do processo.

---

(108) MANDADO DE SEGURANÇA. CONSTITUCIONAL. ADMINISTRATIVO. PEDIDO DE ANISTIA INDEFERIDO. RECURSO. PRAZO RAZOÁVEL PARA APRECIAÇÃO. PRINCÍPIO DA EFICIÊNCIA. 1. A dilação probatória é estranha ao âmbito de cabimento do mandado de segurança. 2. A todos é assegurada a razoável duração do processo, segundo o princípio da eficiência, agora erigido ao *status* de garantia constitucional, não se podendo permitir que a Administração Pública postergue, indefinidamente, a conclusão de procedimento administrativo. 3. A despeito do grande número de pedidos feitos ao Ministro da Justiça e dos membros da Comissão de Anistia, seu órgão de assessoramento, serem *pro bono*, aqueles que se consideram atingidos no período de 18 de setembro de 1946 a 5 de outubro de 1988, por motivação exclusivamente política, não podem ficar aguardando, indefinidamente, a apreciação do seu pedido, sem expectativa de solução num prazo razoável. 4. Ordem parcialmente concedida. (MS n. 12.847/DF, Rel. Ministro Hamilton Carvalhido, Terceira Seção, julgado em 28.3.2008, DJe 5.8.2008)

Verificada sua violação, inegável, pois, a presença de um direito líquido e certo a viabilizar o manejo do Mandado de Segurança. Embora pareça uma grande redundância, ou seja, mais ações e mais retardamento processual, o jurisdicionado fica refém do uso do MS como meio garantidor da esperada celeridade.

Uma observação importante a se fazer é o seguinte. Caso o ato seja processual ou administrativo e detenha prazo específico para ser implementado, dever-se-á, no caso concreto, verificar se a mora[109] está calcada em omissão qualificada pela lentidão própria do agente responsável pelo ato ou pela impossibilidade física ou humana quanto a sua realização a tempo e modo.

Nos casos de atos sem prazo fixado para sua realização, imperiosa a menção de um parâmetro a ser seguido, inclusive com respaldo de alguma legislação que indique prazo para ato similar ou, quiçá, norteamentos trazidos pela jurisprudência e doutrina. Caso se observe a persistência da omissão, embora assinalados tais parâmetros, inegável a presença da malversação do princípio da duração razoável do processo.

Não se diga, outrossim, que o Poder Judiciário estaria, neste caso (*ausência de prazo e sua consequente fixação*), agindo como legislador positivo ou se sobrepondo à separação das funções constitucionais, mas afastando, em verdade, a presente lesão a direito subjetivo individual, como mostram os julgados a seguir transcritos do TRF da 1ª Região por suas respectivas ementas:

CONSTITUCIONAL E ADMINISTRATIVO. MANDADO DE SEGURANÇA. PROCEDIMENTO ADMINISTRATIVO. PRAZO PARA EXAME DE PEDIDO DE REVISÃO DE DÉBITO TRIBUTÁRIO. VIOLAÇÃO AOS PRINCÍPIOS CONSTITUCIONAIS DA EFICIÊNCIA E DA RAZOÁVEL DURAÇÃO DO PROCEDIMENTO ADMINISTRATIVO (CF, ART. 5º, LXXVIII). I. Compete à Administração Pública examinar e decidir os procedimentos administrativos que estejam sob sua alçada, em tempo razoável, em obediência aos princípios constitucionais da eficiência e da celeridade procedimental e os preceitos da Lei n. 9.784/99. II. Remessa oficial desprovida. (REOMS n. 0033624-84.2005.4.01.3400/ DF, Rel. Desemb. Fed. Souza Prudente, 8ª Turma, e-DJF1 11.6.2010, p. 256).

---

(109) CONSTITUCIONAL E ADMINISTRATIVO. MANDADO DE SEGURANÇA. PROCEDIMENTO ADMINISTRATIVO DE CERTIFICAÇÃO DOS SERVIÇOS DE GEORREFENCIAMENTO DE IMÓVEL RURAL. VIOLAÇÃO AOS PRINCÍPIOS CONSTITUCIONAIS DA EFICIÊNCIA E DA RAZOÁVEL DURAÇÃO. 1. A injustificada demora no trâmite e decisão dos procedimentos administrativos acarreta lesão a direito subjetivo individual, passível de reparação pelo Poder Judiciário com a determinação de prazo razoável para fazê-lo, à luz do disposto no art. 5º, inciso LXXVIII, da Carta Constitucional e na Lei n. 9.784, de 29 de janeiro de 1999. 2. Caso em que, em virtude da medida liminar deferida na lide, foi analisado o pleito e deferida a certificação requerida, circunstância que faz, inclusive, material e irreversivelmente cumprido o objeto da impetração. 3. Remessa oficial não provida. (TRF-1 – REOMS n. 374751520114013500/GO 0037475-15.2011.4.01.3500, Relator: Desembargador Federal Carlos Moreira Alves, Data de Julgamento: 1º.7.2013, Sexta Turma, Data de Publicação: e-DJF1, p. 279, 16.7.2013).

CONSTITUCIONAL E ADMINISTRATIVO. MANDADO DE SEGURANÇA. PEDIDO DE REVISÃO DE DÉBITO INSCRITO EM DÍVIDA ATIVA. INÉRCIA DA ADMINISTRAÇÃO. FIXAÇÃO DE PRAZO. POSSIBILIDADE. LEI N. 9.784/99.1. A inércia da Administração no que tange à análise de pedido de revisão de débito inscrito na dívida ativada dá ensejo à impetração de mandado de segurança para determinar à autoridade pública a análise do pleito. Tal garantia encontra-se assegurada pela Carta Magna (art. 5º, inciso LXXVIII), caracterizando ofensa aos princípios da eficiência e da moralidade, inerentes aos atos administrativos, a abusiva demora da Administração Pública em apreciar o requerimento formulado na esfera administrativa. Precedentes desta Corte. 2. Ademais, a Lei n. 9.784/99 impõe à Administração o dever de decidir os processos administrativos de sua competência, estabelecendo, para tanto, o prazo de 30 dias para decisão, podendo ser prorrogado por igual período se manifestamente motivado, nos termos do art. 49. 3. Sentença que estabeleceu prazo de 5 (cinco) dias para análise do pedido, formulado na via administrativa em 4.3.2005 e não apreciado até a data da impetração (19.10.2005), que se confirma.4. Remessa oficial improvida. (REOMS n. 2005.34.00.031493-7/DF, Rel. Desemb. Fed. Reynaldo Fonseca, 7ª Turma, e-DJF1 2.10.2009, p. 425)

Na realidade, o que pode e deve existir são parâmetros e diretrizes para esse padrão de razoabilidade objetivando a coibição de abusos. Como salienta Edemir Netto de Araújo:

> [...] a omissão da autoridade na prática de atos, despachos ou decisões sem prazo, a que tem direito o administrado, não pode eternizar-se, impondo-se a concessão da segurança quando essa omissão ultrapassar níveis razoáveis, fixados através de construção jurisprudencial, à ausência de norma legal específica.[110]

Afora isso, mister lembrar que os agentes públicos num sentido amplo, embora não estejam sujeitos aos prazos próprios, mas impróprios, podem ser acionados perante seus órgãos sensoriais quanto a um eventual descaso funcional que acarrete morosidade sobre a realização do ato processual ou administrativo.

4.4. Do microssistema processual coletivo

A jurisprudência sob a regência do Superior Tribunal de Justiça vem ditando que "A nova ordem constitucional erigiu um autêntico 'concurso de ações' entre os instrumentos de tutela dos interesses transindividuais"[111].

---

(110) ARAÚJO, Edemir Neto. *Mandado de segurança e autoridade coatora*. São Paulo: LTr, 2000.
(111) REsp n. 700.206/MG, Rel. Min. Luiz Fux, Primeira Turma, DJe 19.3.2010.

Tal situação fica nítida e confirmada pelo seguinte precedente:

> [...] 8. A Lei de improbidade administrativa, juntamente com a Lei da ação civil pública, da ação popular, do mandado de segurança coletivo, do Código de Defesa do Consumidor e do Estatuto da Criança e do Adolescente e do Idoso, compõem um microssistema de tutela dos interesses transindividuais e sob esse enfoque interdisciplinar, interpenetram-se e subsidiam-se. [...]. (REsp n. 510.150/MA, Rel. Ministro Luiz Fux, Primeira Turma, julgado em 17.2.2004, DJ 29.3.2004, p. 173)

Nesta perspectiva, vem-se implementando em termos práticos, principalmente pelos instrumentos legais de proteção coletiva, quais sejam, *v. g.*, Lei da Ação Popular (n. 4.717/65), Mandado de Segurança (n. 12.016/09), Ação Civil Pública (n. 7.347/85), Improbidade Administrativa (n. 8.429/92), Código de Defesa do Consumidor (Lei n. 8.078/90) e outros, uma integração direta e subsidiária na aplicação de suas normas visando uma maior efetivação da tutela coletiva.

O Código de Processo Civil nesse sistema inclui-se de forma residual e não subsidiário, na exata medida em que não disciplina o mesmo escopo (tutela de massa), de maneira a exigir que se angarie solução, por primeiro, dentro do microssistema processual e só após, se persistir a omissão nos diplomas coletivos, o uso do referido *códex*.

Desta forma, e analisando a nova LMS em harmonia com o processo coletivo, vê-se que a interpretação conforme a Constituição, no seu art. 22, § 1º[112], quando confrontado com o disposto no art. 104[113] do Código de Defesa do Consumidor, permite-nos entender que o sentido mais consentâneo com o *microssistema processual coletivo* é a possibilidade de o impetrante do MS individual se submeter aos efeitos do coletivo desde que, para tanto, requeira a **suspensão** daquele, sem a necessidade de requerer a desistência, que é optativa. Tal remissão decorre do fato de que hoje, tal como se encontra, o impetrante terá de desistir do *writ*.

---

(112) Art. 22. No mandado de segurança coletivo, a sentença fará coisa julgada limitadamente aos membros do grupo ou categoria substituídos pelo impetrante. § 1º O mandado de segurança coletivo não induz litispendência para as ações individuais, mas os efeitos da coisa julgada não beneficiarão o impetrante a título individual se não requerer a desistência de seu mandado de segurança no prazo de 30 (trinta) dias a contar da ciência comprovada da impetração da segurança coletiva.

(113) Art. 104. As ações coletivas, previstas nos incisos I e II e do parágrafo único do art. 81, não induzem litispendência para as ações individuais, mas os efeitos da coisa julgada *erga omnes* ou *ultra partes* a que aludem os incisos II e III do artigo anterior não beneficiarão os autores das ações individuais, se não for requerida sua suspensão no prazo de trinta dias, a contar da ciência nos autos do ajuizamento da ação coletiva.

Sobre o direito do impetrante de se sujeitar ou não às ações coletivas, isto é, de excluir-se dos efeitos da tutela coletiva, dando seguimento apenas à sua ação individual, uma importante questão necessita ser destacada. A ação coletiva não pode impedir o ingresso demanda individual. Por outro lado, está mais em consonância com os princípios da duração razoável do processo e da efetividade que a questão seja resolvida em somente uma *macrolide coletiva*, ao invés de em milhares de lides individuais repetitivas.

Por essa razão é que o próprio Superior Tribunal de Justiça, no REsp n. 1.110.549-RS decidiu que essa suspensão das ações individuais até o julgamento da ação coletiva sobre a mesma matéria pode ser declarada de ofício pelo próprio juiz, nos seguintes termos:

PROCESSO CIVIL. PROJETO "CADERNETA DE POUPANÇA" DO TJ/RS. SUSPENSÃO, DE OFÍCIO, DE AÇÕES INDIVIDUAIS PROPOSTAS POR POUPADORES, ATÉ QUE SE JULGUEM AÇÕES COLETIVAS RELATIVAS AO TEMA. PROCEDIMENTO CONVALIDADO NESTA CORTE EM JULGAMENTO DE RECURSO REPRESENTATIVO DE CONTROVÉRSIA REPETITIVA. CONVERSÃO, DE OFÍCIO, DA AÇÃO INDIVIDUAL, ANTERIORMENTE SUSPENSA, EM LIQUIDAÇÃO, APÓS A PROLAÇÃO DE SENTENÇA NA AÇÃO COLETIVA. REGULARIDADE. 1. É impossível apreciar a alegação de que restou violado o princípio do juiz natural pela atribuição a determinado juiz da incumbência de dar andamento uniforme para todas as ações individuais suspensas em função da propositura, pelos legitimados, de ações coletivas para discussão de expurgos em caderneta de poupança. Se o Tribunal afastou a violação desse princípio com fundamento em normas estaduais e a parte alega a incompatibilidade dessas normas com o comando do CPC, o conflito entre Lei Estadual e Lei Federal deve ser dirimido pelo STF, nos termos do art. 102, III, alíneas *c* e *d*, do CPC. 2. **A suspensão de ofício das ações individuais foi corroborada por esta Corte no julgamento do Recurso Especial Representativo de Controvérsia Repetitiva n. 1.110.549/RS, de modo que não cabe, nesta sede, revisar o que ficou ali estabelecido. Tendo-se admitido a suspensão de ofício por razões ligadas à melhor ordenação dos processos, privilegiando-se a sua solução uniforme e simultânea, otimizando a atuação do judiciário e desafogando-se sua estrutura, as mesmas razões justificam que se corrobore a retomada de ofício desses processos, convertendo-se a ação individual em liquidação da sentença coletiva. Essa medida colaborará para o mesmo fim: o de distribuir justiça de maneira mais célere e uniforme.** 3. Se o recurso interposto contra a sentença que decidiu a ação coletiva foi recebido com efeito suspensivo mitigado, autorizando-se, de maneira expressa, a liquidação provisória do julgado, não há motivos para que se vincule esse ato ao trânsito em julgado da referida sentença. A interpretação conjunta dos dispositivos da LACP e do CDC conduz à regularidade desse procedimento. 4. Inexiste violação do art. 6º, VIII, do CDC pela determinação de que a instituição financeira apresente os extratos de seus correntistas à época dos expurgos inflacionários, nas liquidações individuais. O fato de os contratos terem sido celebrados anteriormente à vigência do Código não influi nessa decisão, porquanto se trata de norma de natureza processual. 5. Ainda que não se considere possível aplicar o CDC à espécie, o pedido de exibição de documentos encontra previsão expressa no CPC e pode ser deferido independentemente de eventual inversão do ônus probatório. Consoante precedente da 3ª Turma (REsp n. 896.435/PR, de minha relatoria, DJe 9.11.2009), a eventual inexistência dos extratos que conduza à impossibilidade de produção da prova pode ser decidida pelo juízo mediante a utilização das regras ordinárias do processo civil, inclusive com a aplicação da teoria da distribuição dinâmica do ônus da prova, conforme o caso. 6. A autorização de que se promova a liquidação do julgado coletivo não gera prejuízo a qualquer das partes, notadamente porquanto a atuação coletiva deve prosseguir apenas até a fixação do valor controvertido, não sendo possível a prática de atos de execução antes do trânsito em julgado da ação coletiva. 7. Recurso improvido. (REsp n. 1.189.679/RS, Rel. Ministra Nancy Andrighi, Segunda Seção, julgado em 24.11.2010, DJe 17.12.2010)

Inegável que tal conduta processual é constitucional, pois se estão resguardando os direitos em jogo, uma vez que se assegura o amplo acesso ao Judiciário. Tal suspensão de ofício apenas traria benefícios ao autor, pois, se a decisão na ação coletiva lhe for desfavorável, ele dará continuidade a sua ação individual.

Ademais, se a ação coletiva lhe for favorável, a sua ação individual será convertida em liquidação de sentença coletiva, conforme consta no inteiro teor do REsp transcrito, bem como no REsp n. 1.189.679-RS.

Além disso, tal suspensão de ofício pelo magistrado privilegia também os princípios da efetividade processual e da razoável duração do processo, pois permite que o Judiciário, em uma só decisão, julgue definitivamente milhares de questões individuais, combatendo a tão reclamada morosidade da justiça e atendendo ao interesse público.

Assim, nos termos dos conceitos trazidos pela doutrina das *class actions*, de origem norte-americana, com a impetração da ação coletiva surgem, para o jurisdicionado, 2 (duas) possibilidades: o direito de ingressar na tutela coletiva, isto é, de se submeter aos efeitos da decisão da demanda coletiva, bastando para tanto que requeira a suspensão como da sua ação individual após a ciência da interposição da ação coletiva; o direito de excluir-se da tutela coletiva, isto é, o direito de não se submeter aos efeitos da demanda coletiva, bastando que continue a dar andamento a sua ação individual, mesmo após a ciência da existência da ação coletiva ou desistir do *writ*, por se tratar de um direito legal e aceito pelo STF, senão veja-se:

AGRAVO REGIMENTAL NO RECURSO EXTRAORDINÁRIO. MANDADO DE SEGURANÇA. DESISTÊNCIA A QUALQUER TEMPO. POSSIBILIDADE. 1. A matéria teve sua repercussão geral reconhecida no RE n. 669.367, de relatoria do Ministro Luiz Fux, com julgamento do mérito em 2.5.2013. Na assentada, o Tribunal reafirmou a assente jurisprudência da Corte de que é possível desistir-se do mandado de segurança após a sentença de mérito, ainda que seja favorável ao impetrante, sem anuência do impetrado. 2. Agravo regimental não provido. (AG. REG. no RE n. 550.258-SP — Relator: Min. Dias Toffoli)

Contudo, o direito de excluir-se da tutela coletiva está atualmente mitigado na hipótese de o magistrado, de ofício, suspender a ação individual até a conclusão do processo coletivo, justamente em razão da efetividade do processo e do interesse público, não necessitando de requerimento do autor.

Caso a análise de um recurso repetitivo ou *leading case* não resulte na suspensão dos demais litígios similares, a desistência do *writ*, se pleiteada, não poderá ser negada.

Não obstante, apesar dessa evolução jurisprudencial, verifica-se que se exige, para se beneficiar dos efeitos da tutela coletiva, tão somente a suspensão da ação individual (*quer feita por requerimento do autor, quer feita de ofício pelo magistrado*), e não a desistência dela (*embora opcional, no caso de não se ter sido determinada a suspensão de todos os processos e recursos sobre o tema*), mesmo em se tratando de Mandado de Segurança Coletivo, pois, em determinadas situações, caso venha a perder a ação coletiva, o autor pode ainda continuar com sua lide individual. Tal continuidade, no entanto, não seria possível no caso de desistência de Mandado de Segurança por já se ter operado a decadência, ultrapassando o prazo de 120 (*cento e vinte dias*) dias do ato impugnado. Ademais, caso a ação coletiva venha a ser julgada procedente, basta converter a ação individual em execução de sentença.

Esta, em verdade, reflete de forma exemplificativa a necessidade de se repensar a constante utilização do microssistema processual.

Outro aspecto a se pensar é o caso do reexame necessário nas hipóteses de indeferimento da petição inicial, dada a ausência de dispositivo na Lei da MS versando sobre a remessa oficial nessa situação, devendo-se, pois, prioritariamente, buscar norma de integração dentro do microssistema processual da tutela coletiva, o que confirma como legítima a aplicação por analogia do art. 19 da Lei n. 4.717/65, tal como mencionado no REsp n. 1.108.542/SC.

4.5. Mandado de Segurança contra ato judicial

A regra geral de cabimento do Mandado de Segurança vem prevista no art. 1º da Lei n. 12.016/09, sendo que o art. 5º do mesmo diploma estabelece as hipóteses de não cabimento.

Destarte, não cabe o Mandado de Segurança **de decisão judicial ou ato administrativo do quais caiba recurso com efeito suspensivo** (incisos I e II) e **de decisão judicial transitada em julgado** (inciso III). Ao contrário, se a legislação estabelecer o não cabimento de recurso, por consequência estimulará a impetração do Mandado de Segurança para garantir o direito líquido e certo da parte.

Inobstante tais previsões, podemos indicar de forma objetiva que o manejo do remédio judicial em estudo poderá se voltar contra atos judiciais nas seguintes peculiaridades.

Não logrando o recurso eleito atingir o objetivo a tempo e modo, *v. g.* em face da demora no julgamento do recurso[114], pode-se admitir a impetração do *writ* examinando-se o caso concreto com maior brevidade, desde que, no entanto, fique descrito o dano irreparável.

De logo, já se evidencia que a aplicação da Súmula n. 267[115] do Supremo Tribunal Federal exige observância das peculiaridades do caso concreto.

Outrossim, embora não caiba Mandado de Segurança contra decisão transitada em julgado (*extrema gravidade*), pois esta somente poderá ter seus efeitos afastados por via de ação rescisória, admite-se a sua impetração em face de decisão juridicamente nula[116], inexistente, ou teratológica.

---

(114) MANDADO DE SEGURANÇA. CONSTITUCIONAL. ADMINISTRATIVO. REQUERIMENTO DE ANISTIA. PRAZO RAZOÁVEL PARA APRECIAÇÃO. PRINCÍPIO DA EFICIÊNCIA. 1. A todos é assegurada a razoável duração do processo, segundo o princípio da eficiência, agora erigido ao status de garantia constitucional, não se podendo permitir que a Administração Pública postergue, indefinidamente, a conclusão de procedimento administrativo. 2. A despeito do grande número de pedidos feitos ao Ministro da Justiça e dos membros da Comissão de Anistia, seu órgão de assessoramento, serem *pro bono*, aqueles que se consideram atingidos no período de 18 de setembro de 1946 a 5 de outubro de 1988, por motivação exclusivamente política, não podem ficar aguardando, indefinidamente, a apreciação do seu pedido, sem expectativa de solução num prazo razoável. 3. Ordem concedida. (MS n. 10.792/DF, Rel. Ministro Hamilton Carvalhido, Terceira Seção, julgado em 10.5.2006, DJ 21.8.2006, p. 228).
(115) Súmula n. 267/STF. "Não cabe mandado de segurança contra ato judicial passível de recurso ou correição".
(116) RMS n. 22.476/SP, Rel. Ministra Nancy Andrighi, Terceira Turma, julgado em 26.10.2006, DJ 20.11.2006, p. 298.

A propósito:

PROCESSUAL CIVIL. MANDADO DE SEGURANÇA. ATO JUDICIAL. 1. Não é cabível mandado de segurança contra ato judicial, salvo de natureza teratológica. 2. Petição inicial em mandado de segurança que foi indeferida por atacar ato judicial de colegiado. Não caracterização da decisão judicial apontada como sendo absolutamente afrontosa ao ordenamento jurídico. 3. Tempestividade do agravo de instrumento reconhecida pelo acórdão. 4. Mandado de segurança contra ato judicial de colegiado que merece ser, liminarmente, indeferido. 5. Recurso ordinário não provido. (STJ, 1ª Turma, RMS 25.920/PA, Rel. Min. José Delgado, J. 20.5.2008, DJe 23.6.2008)

[...] 2. No caso, o *mandamus* é admitido mesmo contra ato judicial transitado em julgado, na medida em que o juízo prolator da decisão atacada era absolutamente incompetente em razão da matéria, sendo a decisão, na verdade, nula de pleno direito, ou seja, substancialmente inexistente. 3. A ação apresentada a julgamento perante o Juizado Especial revela notória complexidade, tendo por objeto bem de elevado valor patrimonial, por envolver lide acerca de regularização imobiliária, matéria incompatível com a singeleza e com o rito previstos na Lei n. 9.099/95. 4. Recurso ordinário provido para reconhecer a incompetência absoluta dos Juizados Especiais Cíveis e Criminais para julgar a ação de obrigação de fazer cumulada com pedido cominatório, declarando-se nulos todos os atos decisórios proferidos no feito e determinando-se a remessa dos autos à Justiça Comum para que conheça e julgue a causa como entender de direito. (RMS n. 39.041/DF, Rel. Ministro Raul Araújo, Quarta Turma, julgado em 7.5.2013, DJe 26.8.2013)

Neste ponto denota-se a mitigação da Súmula n. 268[117] do STF, concluindo-se, destarte, que o manejo do *writ* nas situações mencionadas é excepcional. Reserva-se o seu uso, portanto, para situações de abuso ou esgotamento das possibilidades legais e eficazes no combate a decisão judicial que lesa ou pode lesar direito individual ou coletivo, justamente para não banalizar o seu uso.

4.5.1. Juizados especiais

O sistema dos juizados especiais ganhou *status* de gênero, detendo suas espécies calcadas nos estaduais (Lei n. 9.099/95), federais (Lei n. 10.259/01) e da Fazenda Pública (Lei n. 12.153/09).

No tocante ao cabimento do Mandado de Segurança frise-se não haver menção quanto à possibilidade ou vedação no estadual, sendo que nos

---

(117) "Não cabe mandado de segurança contra decisão judicial com trânsito em julgado."

demais há expressa exclusão (art. 3º, § 1º, I — Federal e art. 2º, § 1º, I — Fazenda Pública).

Conquanto hajam tais vedações, com chancela do STF[118], ao revés do STJ[119], na prática há necessidade de se preservar alguns instrumentos capazes de elidir decisões provisórias (*que podem perdurar por anos*) geradoras de danos irreparáveis, assim como situações de manifesta incompetência.

Neste contexto, pode-se dizer, portanto, que a impetração do Mandado de Segurança não é aceita como ação cabível, originária no sistema dos juizados especiais, principalmente por deter, o *writ,* rito próprio específico que se destoa do sumaríssimo, mas acidental, isto é, secundário[120].

Especificamente a jurisprudência do Superior Tribunal de Justiça estampada nos seus informativos resumiu tal possibilidade ao controle de competência[121] (*mormente pela vedação do uso da ação rescisória*), do valor exorbitante de multa cominatória (*não faz coisa julgada*)[122][123] e, finalmente, às decisões interlocutórias[124] propagadas[125] por juiz singular, justamente para se buscar afastar ato abusivo e ilegal de juiz com jurisdição do sistema dos juizados especiais.

4.5.2. Execução penal e suspensão de ato judicial

O art. 197 da Lei de Execuções Penais assevera que das decisões proferidas pelo juiz da Execução Penal caberá recurso de agravo, que, embora permita o juízo de retratação, não possui efeito suspensivo[126].

Infere-se, pois, que a decisão atacada por meio de tal recurso gera efeito imediato, ainda que interposto o inconformismo cabível.

Dessa forma, considerando haver situações concretas em que os resultados instantâneos geram inegáveis prejuízos permanentes, exigindo pronta

---

(118) RE n. 576.847.
(119) Súmula n. 376 do STJ.
(120) *Vide* art. 108, I, c, da Constituição Federal que atribui competência ao TRF para apreciar MS contra ato de juiz federal.
(121) RMS n. 39.041-DF, Rel. Min. Raul Araújo, julgado em 7.5.2013.
(122) RMS n. 33.155-MA, Rel. Min. Maria Isabel Gallotti, julgado em 28.6.2011.
(123) REsp n. 691.785/RJ.
(124) Já que as sentenças desafiam recursos inominados, salvo se não tiverem o condão de afastar dano irreparável.
(125) STJ — Súmula n. 376. "Compete à turma recursal processar e julgar o mandado de segurança contra ato de juizado especial".
(126) Exceção se houver recurso de agravo de execução na hipótese do art. 179 da LEP.

intervenção a fim de sustá-los antes do julgamento do agravo, mister observar a eventual solução pela parte sucumbente.

Se a decisão trouxer desvalia ao executado, inegável que o caminho a se percorrer é a impetração de *habeas corpus*, ainda que em sede de execução penal[127]. Caso se trate de violação de prerrogativa institucional, seja da Defensoria Pública ou do Ministério Público, resguardou o STJ a possibilidade de se manejar o Mandado de Segurança[128].

Agora, complicado se mostra a *quaestio* quanto ao Ministério Público ter obtido desfecho jurisdicional distinto ao almejado. A doutrina acentua a possibilidade, desde que presente os requisitos do *fumus boni iuris* e o *periculum in mora* para se assegurar efeito suspensivo ao agravo em execução.

De outro lado, parte doutrinária acentua, também, sobre a possibilidade de se postular com espeque no art. 558 do CPC *c.c.* art. 3º do CPP[129], pleito no sentido suspensivo (ao agravo de execução) a ser concedido pelo relator do recurso, evidenciando-se, é óbvio, aspecto relevante que possa gerar lesão de difícil reparação.

Ocorre que, ao contrário de tais correntes, o STJ é catedrático quanto a impossibilidade do manejo do Mandando de Segurança pelo *parquet*, resumindo sua exegese sob a seguinte ementa, senão vejamos:

> O Ministério Público não tem legitimidade para impetrar mandado de segurança com o objetivo de conferir efeito suspensivo a agravo em execução, uma vez que, em observância ao princípio do devido processo legal, não pode o órgão ministerial restringir o direito do acusado além dos limites conferidos pela legislação. Ademais, o art. 197 da Lei de Execuções Penais estabelece que agravo em execução não possui efeito suspensivo. Precedentes citados: RMS n. 15.675/SP, DJ 1º.7.2004; RMS n. 18.516/RS, DJ 18.10.2004, e HC n. 23.852/SP, DJ 5.4.2004. HC n. 45.297/SP, Rel. Min. Hélio Quaglia Barbosa, julgado em 21.2.2006.

Portanto, seguindo o critério jurisprudencial, vê-se que o Ministério Público fica sujeito às regras do jogo quanto à impossibilidade de se obter efeito suspensivo sob o agravo de execução, até mesmo para que se prestigie o princípio da igualdade (*paridade de armas*).

O importante frisar, no entanto, é que o direito não segue critério matemático, mas do caso concreto, de maneira a se poder extrair situações,

---

(127) STF — HC n. 88.152 — MS.
(128) RMS n. 32.721/DF, Rel. Ministra Laurita Vaz, Quinta Turma, julgado em 13.8.2013, DJe 23.8.2013.
(129) MEDIDA CAUTELAR EM SEDE PENAL. POSSIBILIDADE. EFEITO SUSPENSIVO A RECURSO DE AGRAVO EM EXECUÇÃO. DESATENDIMENTO DE PRESSUPOSTO À CONCESSÃO DO PEDIDO. (Medida Cautelar n. 70015797335, Terceira Câmara Criminal, Tribunal de Justiça do RS, Relator: Vladimir Giacomuzzi, Julgado em 26.6.2006).

sim, desde que comprovadas, quanto à possibilidade de concessão do efeito suspensivo, o que se extrai da ementa do AgRg no HC n. 148.623/SP, sob a relatoria da ministra Alderita Ramos de Oliveira[130] nos seguintes termos:

> [...] 2. A insuficiência de argumentos capazes de infirmar a decisão objeto de agravo regimental impõe a manutenção do decisum hostilizado por seus próprios fundamentos. [...]

Embora tal recurso (*leading case*) não tenha tido êxito, o certo é que restou assentado que pode haver argumentos que traduzem direito líquido e certo a ser amparado, permitindo-nos concluir, é óbvio, quanto ao cabimento do *writ*, mas obviamente que em caso excepcionais e com formação do litisconsórcio (autoridade coatora e executado)[131][132], principalmente por não se poder cercear o poder geral judicial de cautela[133].

4.5.3. Judicialização da saúde via Mandado de Segurança

A discussão sobre a judicialização da saúde reflete a dicotomia que cerca inúmeras questões: *privilegiar o individual ou o coletivo; garantir apenas os medicamentos indicados pelo SUS ou os de prescrição médica particular também; somente os padronizados ou os experimentais?*

De um lado, a participação do Judiciário significa a fiscalização de eventuais violações por parte do Estado na atenção à saúde. Mas, de outro, o excesso de ordens judiciais pode inviabilizar a universalidade da saúde, um dos fundamentos do Sistema Único de Saúde — SUS.

Embora o STF tenha informado no julgamento da SS n. 1.533 que a matéria é tipicamente constitucional e na ADPF n. 45 que o direito à saúde não pode ser uma "promessa inconsequente", o uso do *writ* como meio de implementação de tal direito fundamental exige extrema atenção, na medida em que ditas demandas envolvem fundamentalmente discussão sobre as questões de fato em termos sempre particulares, o que encontra empecilho na não dilação probatória desse procedimento.

---

(130) Desembargadora Convocada do TJ/PE, Sexta Turma, julgado em 18.6.2013, DJe 1º.7.2013.
(131) Súmula n. 631 do STF. Extingue-se o processo de mandado de segurança se o impetrante não promove, no prazo assinado, a citação do litisconsorte passivo necessário.
(132) Súmula n. 701 do STF. No mandado de segurança impetrado pelo ministério público contra decisão proferida em processo penal, é obrigatória a citação do réu como litisconsorte passivo.
(133) HC n. 84.682/RJ, 5ª Turma, Rel. Ministro Napoleão Nunes Maia Filho, DJ 5.11.2007.

A esse respeito, o ministro Gilmar Mendes, ao julgar no STF o pedido de suspensão de antecipação de tutela que deferira fornecimento de medicamento de alto custo (n. 175), alertou que:

> [...] independentemente da hipótese levada à consideração do Poder Judiciário, as premissas analisadas deixam clara a necessidade de instrução das demandas de saúde para que não ocorra a produção padronizada de iniciais, contestações e sentenças, peças processuais que, muitas vezes, não contemplam as especificidades do caso concreto examinado, impedindo que o julgador concilie a dimensão subjetiva (individual e coletiva) com a dimensão objetiva do direito à saúde.

Nada obstante tal apontamento, mister destacar que o direito líquido e certo enquanto uma espécie de condição da ação do *writ* não se confunde com a inexistência do direito em si, bastando-se ver o art. 19 da LMS que aponta a possibilidade de se discutir a *quaestio* noutras vias.

A preocupação a ser observada ao se eleger o uso do mandado de segurança é, por primeiro, saber se o atendimento se deu pelo SUS ou via particular. Quando vista a questão pela via pública, imperioso que haja, *ad cautelam*, a imprescindível negativa de fornecimento[134] (*evidenciar a mora*), comprovação da gravidade da patologia e insuportabilidade de arcar com tal despesa (*hipossuficiência econômica*)[135], receituário original e atualizado com indicativo (*nos moldes exemplificativos do modelo utilizado pela Defensoria Pública do Estado de Minas Gerais*[136]), além de precedentes específicos[137].

---

(134) STJ — RMS n. 23.839/ES.
(135) TJMG — AP CÍVEL/REEX Necessário n. 1.0390.11.004952-0/001.
(136) Disponível em: <http://siged.defensoria.mg.gov.br/dpmg/intranet_site/listaDeDocumentos>: "[...] Informar o nome completo e a idade do paciente. 2) Informar o nome da doença ou problema de saúde que acomete o paciente, com a indicação do respectivo Código Internacional de Doenças (CID). 3) Informar a síntese da evolução da doença e do tratamento, incluindo eventuais remédios e intervenções que já foram empregados. A importância deste detalhe está, sobretudo, em demonstrar que outros remédios e intervenções já foram tentados sem o êxito almejado. 4) Informar os nomes dos mais importantes princípios ativos do medicamento. 5) Informar a existência de remédios ou insumos médicos similares e alternativos ou genéricos disponíveis no SUS que poderão ser utilizados sem prejuízo do tratamento mais adequado ao paciente. Na hipótese de não existirem tais remédios ou insumos médicos similares disponíveis na rede do SUS, favor explicar, fundamentadamente, o motivo pelo qual o remédio prescrito é imprescindível para o tratamento (por exemplo, na hipótese de agravamento do quadro do paciente). É imprescindível constar no laudo que para a hipótese do paciente o medicamento é insubstituível, ou seja, que não há outro que surta o mesmo efeito além do prescrito. Assim, rogamos que conste no laudo a expressão 'remédio insubstituível'. 6) Informar se a doença ou problema de saúde do paciente traz algum risco de morte ou de sequelas, se o tratamento prescrito é imprescindível para estancar quadro de dores sofridas pelo paciente, se o tratamento prescrito é imprescindível para assegurar a integridade física e/ou psíquica do paciente. Favor ressaltar a urgência que o caso requer. 7) Elencar quais são

A ideia em termos práticos acaba viabilizando o uso do MS, por permitir a tradução das especificidades fáticas e a própria responsabilidade inescusável do ente, ante a indicação do seu próprio corpo clínico, viabilizando, pois, o uso de tal via. O cuidado que deve haver sob o prisma judicial também é a determinação de retenção de tal receituário pelo SUS para se evitar fraudes, assim como permitir à Administração o adequado controle do fornecimento e da quantidade de produtos a serem adquiridos.

Quanto ao uso dos receituários médicos particulares, vê-se que a jurisprudência oscila quanto ao uso do MS[138] sob o argumento contrário de haver necessidade de dilação probatória para se avaliar o real diagnóstico da doença e sua cobertura diante do SUS.

De outro lado, declina-se a tese favorável sob o argumento de que, excepcionalmente é possível a comprovação de direito líquido e certo por meio de laudo médico elaborado por profissional não inscrito nos quadros do SUS[139], na hipótese em que o parecer é taxativo quanto à moléstia que acomete a parte e à necessidade sob caráter de eficiência e insubstituibilidade de utilização do medicamento pleiteado[140].

Sob outra variante também se mostra altamente polêmico a judicialização no tocante a busca de novas drogas não padronizadas e tratamento medido no exterior[141], sendo nestes casos aconselhado o uso das vias ordinárias, por demandar ampla análise fática. Não se pense, outrossim, que o uso de vias distintas ao MS trará maior morosidade, por haver possibilidade de se invocar o disposto no art. 1.211-A do CPC visando implementar duração razoável sobre a prestação jurisdicional.

A questão, portanto, gravita sob a necessidade de se evidenciar o direito líquido e certo, devendo o impetrante analisar com prudência o uso do MS

---

as prováveis e naturais consequências da doença ou problema de saúde que acomete o paciente, na hipótese de ele não receber prontamente o tratamento médico adequado. A importância deste tópico está em destacar os riscos à saúde do paciente caso o tratamento não seja prestado eficientemente. 8) Informar o número do cadastro que identifica o médico integrante do SUS no Estado ou no Município (BM). Lembre-se que o Poder Judiciário não tem aceitado laudos de médicos que não integram o SUS. 9) Informar, de acordo com a experiência prática do subscritor, se o Município ou o Estado tem frequentemente negado o fornecimento do medicamento constante da prescrição do paciente. 10) Constar a data do laudo, acompanhada de assinatura e carimbo do médico subscritor. [...]".
(137) Disponível em: <http://www.stj.jus.br/portal_stj/publicacao/engine.wsp?tmp.area=398&tmp.texto=96562>.
(138) STJ — RMS n. 17.873/MG.
(139) STJ — AgRg no Ag n. 1.194.807/MG, Rel. Ministro Luiz Fux, Primeira Turma, julgado em 17.6.2010, DJe 1º.7.2010.
(140) TJMG — AI n. 1.0480.12.016641-2/001.
(141) *Vide* — Favorável — STJ — MS n. 8.895/DF; Contra — STJ — MS n. 8.740/DF.

sob as exemplificativas balizas, anteriormente indicadas, já que as ações de saúde, embora crescentes, não são de massa.

O estudo de precedentes é importante quanto ao uso do *writ* em diversos temas sobre saúde, já que[142], apesar de envolverem matéria de direito similar, tais ações se diferenciam uma da outra pelas circunstâncias fáticas que as envolvem, exigindo uma cautela quanto ao uso de tal via.

Concluindo, caso o necessitado eleja o MS, não soaria absurdo pensar quanto a possibilidade, caso seja sucumbente e a decisão obtida denegue a ordem, de que este recorra buscando a reforma não só pela concessão da segurança, assim como pela análise eventual do (in)cabimento da via eleita (*interesse recursal*), situação esta para, se o caso, evitar a coisa julgada material, já que a prestação jurisdicional não pode trazer ao postulante o estancamento da busca do seu direito quando a via eleita se mostra restrita e específica.

4.6. TUTELA LIMINAR NO MANDADO DE SEGURANÇA E SUAS PECULIARIDADES FRENTE A FAZENDA PÚBLICA

A Lei n. 12.016/09 traz no seu art. 7º, especificamente nos seus §§ 2º e 5º[143], vedações quanto a concessão da liminar em desfavor da Fazenda Pública no que tange ao Mandado de Segurança Individual e, sobre o Coletivo, ainda exige um contraditório prévio, conforme se observa do art. 22, § 2º[144].

---

(142) *V. g.* alimentos especiais [TJMG — Processo n. 1.0000.05.421670-0/000 — Rel. Des. Jarbas Ladeira, J. 5.4.2006]; direito ao transporte enquanto implementação do direito a saúde [TJMG — (Reexame Necessário-CV n. 1.0592.13.000512-3/001, Relator(a): Des.(a) Selma Marques, 6ª CC, julgamento em 5.11.2013, publicação da súmula em 20.11.2013; fornecimento de energia aos sujeitos a tratamento de oxigenoterapia)].

(143) Art. 7º Ao despachar a inicial, o juiz ordenará:
[...]
§ 2º Não será concedida medida liminar que tenha por objeto a compensação de créditos tributários, a entrega de mercadorias e bens provenientes do exterior, a reclassificação ou equiparação de servidores públicos e a concessão de aumento ou a extensão de vantagens ou pagamento de qualquer natureza.
[...]
§ 5º As vedações relacionadas com a concessão de liminares previstas neste artigo se estendem à tutela antecipada a que se referem os arts. 273 e 461 da Lei n. 5.869, de 11 de janeiro de 1973 — Código de Processo Civil.

(144) Art. 22. No mandado de segurança coletivo, a sentença fará coisa julgada limitadamente aos membros do grupo ou categoria substituídos pelo impetrante.
[...]
§ 2º No mandado de segurança coletivo, a liminar só poderá ser concedida após a audiência do representante judicial da pessoa jurídica de direito público, que deverá se pronunciar no prazo de 72 (setenta e duas) horas.

Um grande debate gravita o tema, na exata medida em que tal ação constitucional não pode ter sua eficácia restringida por norma de hierarquia inferior.

No entanto, longe de ponderar o acerto, ou não, de tais restrições, marcaremos apenas as previsões legais a se observar quando do manejo de tal *actio* e suas limitações, que sempre exigirão uma ponderação particular em concreto[145][146]. Até porque, segundo dicção exortada pelo Supremo Tribunal Federal no julgamento da ADI n. 975-MC, os preceptivos legais que vedam a concessão das medidas de urgência, além de obstruir o serviço da Justiça, criam obstáculos à obtenção da prestação jurisdicional, atentando, ainda, contra a separação dos poderes, porque sujeita o Judiciário ao Poder Executivo[147].

Pois bem!

O ordenamento jurídico brasileiro contém inúmeras normas que impedem a concessão de medida liminar no Mandado de Segurança.

A Lei n. 2.770/56, art. 1º, foi uma delas, quando "suprimiu a concessão de medidas liminares nas ações e procedimentos judiciais de qualquer natureza que visassem à liberação de bens, mercadorias ou coisas de procedência estrangeira".

A Lei n. 4.348/64 impedia a concessão de liminar para o funcionário público que pleiteia vantagens ou reclassificação.

A Lei n. 5.021/66, art. 1º, vedou a liminar nas ações que objetivem pagamentos de vencimentos ou vantagens pecuniárias aos servidores da União, dos estados ou dos municípios.

A Lei n. 8.437/92, no seu art. 2º, não admite seja concedida liminar no Mandado de Segurança Coletivo, sem audiência do representante judicial da pessoa jurídica de direito público.

---

(145) ECA. AÇÃO CIVIL PÚBLICA. O direito à educação infantil, por sua magnitude, justifica a concessão de liminar, a fim de resguardar a sua qualidade e continuidade. Agravo improvido. Voto da relatora: De primeiro, calha referir que a prévia audiência do representante da pessoa jurídica de direito público como condição para a concessão de liminar, cautela prevista no art. 2º da Lei n. 8.437/92, aqui não se aplica, tendo em vista que o direito sobre o qual se litiga envolve interesse do menor, que tem absoluta prioridade, nos termos da Constituição Federal e do Estatuto Menorista. (Agravo de Instrumento n. 598.034.866, 7ª Câmara Cível, TJRS, Relator Desª Maria Berenice Dias, julgado em 1º.4.1998).

(146) PROCESSUAL — AÇÃO CIVIL PÚBLICA — MANDADO DE SEGURANÇA COLETIVO — LIMINAR — OITIVA DO PODER PÚBLICO — LEI N. 8.437/1992, ART. 2º. I — No processo de mandado de segurança coletivo e de ação civil pública, a concessão de medida liminar somente pode ocorrer, setenta e duas horas após a intimação do estado (Lei n. 8.437/1992, art. 2°). II — Liminar concedida sem respeito a este prazo é nula. (Resp n. 88.583/SP, STJ, 1ª T., Rel. Min. Humberto Gomes de Barros, j. 21.10.1996, DJ 18.11.1996 p. 44847).

(147) ADI n. 975-MC, Rel. Min. Carlos Velloso, julgamento em 9.12.1993, Plenário, DJ 20.6.1997.

De modo claro fica fácil verificar que tais restrições foram absorvidas pela nova LMS, sendo que o art. 29, de forma expressa indicou as revogadas e, nos casos omissos, inegável a ocorrência da pela via tácita (art. 2º, § 1º, da LINDB).

Afora tais previsões, mister analisar a Lei n. 9.494/97[148], que também restringe a concessão da liminar nas hipóteses nas quais figurem como parte a Fazenda Pública.

Desta forma, infere-se haver, como mencionado pela doutrina, um verdadeiro "cinturão protetor da fazenda pública"[149], de forma a exigir do aplicador do direito uma clara exposição da pretensão, porquanto se de um lado o Mandado de Segurança assegura a plenitude do acesso ao Poder Judiciário, de outro, tais vedações comprometem a própria viabilidade da prestação jurisdicional.

O sincretismo jurídico consistente na confusão entre os planos substancial e processual evidencia caber ao litigante a demonstração do seu direito material, seja em qualquer viés instrumental eleito, e muito mais pela do MS, por meio de uma ponderação de valores qualificada pela preponderância daquele que esteja almejando sobre os interesses da Fazenda Pública. Se assim o fizer, calhará ao aplicador do direito naturalmente ultrapassar as limitações frias da lei, permitindo justiça a tempo e modo, e não o perecimento do direito.

4.7. Defesa de prerrogativas institucionais da defensoria pública, Ministério Público, advocacia privada e pública via Mandado de Segurança

A atuação de diversos atores no âmbito jurídico, seja na fase administrativa, pré-processual e processual, a exemplo da Defensoria Pública[150], Ministério Público[151], Advocacia Privada[152] e Pública (AGU[153] e seus órgãos adredes) esta calcada nas suas respectivas leis de regências.

---

(148) Ratificada pela Ação Declaratória de Constitucionalidade n. 4 pelo STF.
(149) ARAÚJO, José Henrique Mouta. *Mandado de segurança*. Salvador: JusPodivm, 2010. p. 134.
(150) Lei Complementar Federal n. 80/94 e consequentes leis estaduais editadas pelos respectivos estados da federação que tenham tal órgão autônomo instituído.
(151) Lei n. 8.625/93 e Lei Complementar Federal n. 75/93.
(152) Lei n. 8.906/94.
(153) Lei Complementar Federal n. 73/93.

Longe de caracterizar um privilégio, que tem acento pessoal, as prerrogativas nelas contidas (*leis*) destinam-se ao cargo exercido ou atividade exercida, justamente para se garantir o seu livre e seguro exercício, tanto pelo crivo funcional como institucional[154].

Desta forma, em termos práticos, a violação de qualquer prerrogativa ínsita nas normas de regência dos atores assinalados acarreta, de forma inegável, a possibilidade do uso do Mandado de Segurança para restabelecer sua aplicação, até porque, segundo o saudoso Hely Lopes Meirelles, *verbis*:

> Direito líquido e certo é o que se apresenta manifesto na sua existência, delimitado na sua extensão e apto a ser exercitado no momento da impetração. Por outras palavras, o direito invocado, para ser amparável por mandado de segurança há de vir expresso em norma legal e trazer em si todos os requisitos e condições de sua aplicação ao impetrante: [...]. Quando a Lei alude a direito líquido e certo, está exigindo que esse direito se apresente com todos os requisitos para seu reconhecimento e exercício no momento da impetração. Em última análise, direito líquido e certo é direito comprovado de plano. Se depender de comprovação posterior, não é líquido nem certo, para fins de segurança.[155]

O interessante é que o remédio jurídico pode exsurgir tanto para garantir a manutenção da prerrogativa pura e simples como estar agregado, também, com exposição indicativa de prejuízo a princípios constitucionais, como, *v. g.*, o da ampla defesa, contraditório etc., e da própria relação processual, sendo sempre presumido o prejuízo, por se tratar de normas de ordem pública, cuja aplicabilidade não pode ser negada *e/ou* mitigada.

No entanto, na seara penal, há de se ater que o *habeas corpus*[156] é utilizado com preferência, por ser o Mandado de Segurança uma ação residual, para manter a observância das prerrogativas, justamente por se inferir na

---

[154] Nesse passo, impede asseverar que a prerrogativa difere-se do privilégio. A instituição de norma que cria situação de "vantagem", não equivale, necessariamente, à concessão de privilégios. Se a instituição do benefício processual é fundamentada e visa dar igualdade de oportunidade à parte que se encontra em situação diferenciada é essencial a sua criação. A essa vantagem que busca preservar a isonomia dá-se o nome de prerrogativa, cuja instituição, como dito, deve ser pautada no princípio da razoabilidade (NASCIMENTO, Vanessa Lima. Prerrogativas da fazenda pública: benefício de prazo. *In:* CASTRO, João Antônio Lima (coord.). *Direito processual constitucional e democrático.* Belo Horizonte: Del Rey, 2008. p. 576).
[155] MEIRELLES, Hely Lopes. *Mandado de segurança, ação popular, ação civil pública, mandado de injunção,* habeas data. 20. ed. São Paulo: Malheiros, 2011. p. 34-35.
[156] STJ — HC n. 9.119/MG.

violação da prerrogativa, uma inegável ofensa à defesa sob o crivo técnico[158] e do próprio devido processo legal.

Os precedentes a seguir clarificam nossa fala, senão veja-se:

RECURSO ORDINÁRIO EM MANDADO DE SEGURANÇA. PROCEDIMENTO ADMINISTRATIVO ABERTO PELO JUÍZO DAS EXECUÇÕES PENAIS A PEDIDO DO SUBSECRETÁRIO DO SISTEMA PENITENCIÁRIO. PLEITO DE AUTORIZAÇÃO PROVISÓRIA E EXPERIMENTAL DE MONITORAMENTO ELETRÔNICO. PEDIDO DEFERIDO E PRORROGADO EM 2008. ALEGADA AUSÊNCIA DE INTIMAÇÃO DA DEFENSORIA PÚBLICA PARA ACOMPANHAR O FEITO. PROCESSO INDEVIDAMENTE EXTINTO SEM JULGAMENTO DE MÉRITO PELA INSTÂNCIA SECUNDÁRIA. CABIMENTO, NO CASO, DO MANDADO DE SEGURANÇA PARA AVERIGUAR EVENTUAL VIOLAÇÃO ÀS PRERROGATIVAS INSTITUCIONAIS E FUNCIONAIS DA DEFENSORIA PÚBLICA. QUESTÃO NÃO PREJUDICADA. RECURSO PARCIALMENTE PROVIDO. 1. A causa de pedir cinge-se à alegada violação às prerrogativas da Defensoria Pública, vez que a instituição não teria sido intimada durante todo o procedimento administrativo em apreço. 2. No caso, não houve impetração de mandado de segurança em detrimento de recurso próprio. 3. O agravo de execução penal, previsto no art. 197 da Lei n. 7.210/1984, por sua vez inserido no Título VIII do Diploma Legal ("Do Procedimento Judicial"), é recurso próprio da Execução Penal, e não presta a combater eventual violação a prerrogativa da Defensoria Pública em procedimento administrativo que tem influência sobre uma generalidade de presos. 4. Não se poderia cogitar, na espécie, de impetração de habeas corpus, pois se pleiteia manifestação jurisdicional sobre o fato de a Defensoria não ter, em tese, sido intimada no procedimento administrativo, e não a restauração do direito de ir e vir dos sentenciados que se voluntariaram a experimentar o monitoramento eletrônico. 5. Preenchidos os requisitos, é cabível a impetração de Mandado de Segurança pela Defensoria Pública com o objetivo de ver resguardadas suas prerrogativas institucionais e funcionais, a teor do disposto no art. 134 da Constituição da República e nos arts. 3º, 4º, incisos VII e IX, 18, Lei Complementar n. 80/1994, com redação dada pela Lei Complementar n. 132/2009. 6. Diante do equívoco da extinção precoce da questão perante a instância secundária, devem os autos voltar àquela Corte para análise do *meritum causae*, sob pena de indevida supressão de instância. 7. Recurso parcialmente provido para o fim de determinar a devolução dos autos ao Tribunal de origem, a fim de que examine o mérito do presente *writ*, nos termos do voto condutor. (RMS n. 32.721/DF, Rel. Ministra Laurita Vaz, Quinta Turma, julgado em 13.8.2013, DJe 23.8.2013)

---

(157) Disponível em: <http://www.stj.gov.br/portal_stj/publicacao/engine.wsp?tmp.area=398&tmp.texto=110929> HC n. 97.645; HC n. 229.306; REsp n. 735.668; REsp n. 1.089.181; HC n. 237.865; REsp n. 997.777; HC n. 160.281; REsp n. 935004; REsp n. 1.232.828; HC n. 213.583; RHC n. 31.328; Ag n. 1.193.155.

MANDADO DE SEGURANÇA. PROCESSUAL CIVIL. LEGITIMIDADE ATIVA. DEFESA DE PRERROGATIVAS DO CARGO. ATRIBUIÇÕES DOS ÓRGÃOS DO MINISTÉRIO PÚBLICO DE 1ª INSTÂNCIA. REQUISIÇÃO DE INFORMAÇÕES A COMANDANTE DO EXÉRCITO. PRERROGATIVA DO PROCURADOR-GERAL. PRINCÍPIO DA INDEPENDÊNCIA FUNCIONAL. GARANTIA DO PROMOTOR NATURAL. 1. O Procurador da República, com exercício nos órgãos jurisdicionais de primeira instância, está legitimado a impetrar mandado de segurança, mesmo perante o STJ, quando a ação se destina a tutelar prerrogativas funcionais próprias, que o órgão impetrante entende violadas por ato de autoridade. 2. Cabe ao Procurador-Geral da República a atribuição para promover requisições aos Comandantes do Exército, da Marinha e da Aeronáutica, a teor do disposto no art. 8º, § 4º, da Lei Complementar n. 75/93. Referido dispositivo não é inconstitucional; pelo contrário, apresenta-se em consonância com os princípios do promotor natural e da independência funcional, cujo pressuposto necessário é a distribuição de competências entre os vários órgãos do Ministério Público. 3. Legitimidade ativa reconhecida. Mandado de segurança denegado. (STJ — MS n. 8.349/DF 2002/0053744-1, Relator: Ministro Teori Albino Zavascki, Data de Julgamento: 8.6.2004, S1 — Primeira Seção, Data de Publicação: DJ 9.8.2004 p. 162)

Acesso dos acusados a procedimento investigativo sigiloso. Possibilidade sob pena de ofensa aos princípios do contraditório, da ampla defesa. Prerrogativa profissional dos advogados. Art. 7º, XIV, da Lei n. 8.906/94 [...]. O acesso aos autos de ações penais ou inquéritos policiais, ainda que classificados como sigilosos, por meio de seus defensores, configura direito dos investigados. A oponibilidade do sigilo ao defensor constituído tornaria sem efeito a garantia do indiciado, abrigada no art. 5º, LXIII, da Constituição Federal, que lhe assegura a assistência técnica do advogado. Ademais, o art. 7º, XIV, do Estatuto da OAB estabelece que o advogado tem, dentre outros, o direito de 'examinar em qualquer repartição policial, mesmo sem procuração, autos de flagrante e de inquérito, findos ou em andamento, ainda que conclusos à autoridade, podendo copiar peças e tomar apontamentos'. Caracterizada, no caso, a flagrante ilegalidade, que autoriza a superação da Súmula n. 691 do Supremo Tribunal Federal. (STF — HC n. 94.387, Rel. Min. Ricardo Lewandowski, julgamento em 18.11.2008, 1ª Turma, DJE 6.2.2009)

MANDADO DE SEGURANÇA — ADVOGADO — RETIRADA DE AUTOS DA SECRETARIA DO JUÍZO — CONDICIONAMENTO À APRESENTAÇÃO DE REQUERIMENTO PARA VISTA — DESCABIMENTO — VIOLAÇÃO DA PRERROGATIVA PROFISSIONAL — DISPENSABILIDADE DE AUTORIZAÇÃO ESCRITA DO JUIZ — ASSINATURA DO ADVOGADO NO LIVRO DE CARGA — MEDIDA SUFICIENTE — HIPÓTESES LEGAIS RESSALVADAS — OCORRÊNCIA DE ABUSOS — CONSEQUÊNCIAS E PROVIDÊNCIAS HÁBEIS. Se o advogado tem procuração nos autos, ou seja, se é mandatário constituído, nada o impede de retirar autos do cartório, desde que o faça mediante carga, a teor do art. 40, inciso III, do *Civile Adjectio Codex* e art. 7º do Estatuto da Advocacia e da OAB, sem necessidade de requerimento escrito e despacho judicial autorizativo. A exigência, por descabida, constitui violação de prerrogativa profissional, ressalvado, no entanto, o disposto no art. 155 do mesmo *Codex*. *Per altera facie*, se advogados há que abusam na retirada de autos, inclusive retendo-os indevidamente, dispõe o Juiz de meios hábeis para coibir a prática abusiva, ou seja, a proibição de vista ou retirada dos autos até o encerramento da respectiva ação, além da faculdade de representar à OAB contra o faltoso. (TJ-MG n. 1.852.870/MG 1.0000.00.185287-0/000(1), Relator: Hyparco Immesi, Data de Julgamento: 16.11.2000, Data de Publicação: 6.2.2001)

Pode ocorrer também a situação de prerrogativas inerentes aos cargos terem aparentes conflitos, ensejando, também, a possibilidade do questionamento via Mandado de Segurança. Tal situação é a que vem ocorrendo entre o Ministério Público e Defensoria Pública, consistente no fato de ambas terem direito de assento no mesmo plano[158]. Em alguns tribunais, a questão foi de fácil solução e organização, mas noutros, dada a impossibilidade de alocação dos órgãos de execução das instituições em epígrafe no mesmo plano, houve a determinação de reorganização do mobiliário e consequente rebaixamento dos membros do Ministério Público. Com isso, inúmeros Mandados de Seguranças foram impetrados[159] sob o argumento da violação de prerrogativas, que teriam status de direito líquido e certo a ser amparado.

Longe de buscar detalhamento sobre o acerto ou desacerto de tal situação, espera-se é que, por ter ambos, a Defensoria Pública e o Ministério Público, de sentar-se no mesmo plano, que tais normas, por não se conflitarem, se compatibilizem.

A propósito do tema, a doutrina do promotor de justiça Mauro Fonseca Andrade[160]:

> Isso quer dizer que, na busca da igualdade material de armas, o que se autoriza ao Poder Público, é conceder mais poderes, meios, situações, oportunidades ou possibilidades a uma parte que está em situação de fragilidade no processo, ao invés de retirá-los da parte que já os detém. O ideal pretendido é sempre o de uma igualdade para mais, e nunca para menos, ou seja, outorgando ou ampliando direitos a quem não os tem, em vez de impedir

---

[158] Art. 18, inciso I, alínea "a" da Lei Complementar n. 75/93, no art. 41, inciso XI, da Lei n. 8.625/93, todos envolvendo o Ministério Público e o § 7º do art. 4º da Lei Complementar n. 80/1994 pertinente a Defensoria Pública.
[159] RMS n. 19.981/RJ, Rel. Ministro Felix Fischer, Quinta Turma, julgado em 26.6.2007, DJ 3.9.2007, p. 191.
[160] ANDRADE, Mauro Fonseca. *Sistemas processuais penais e seus princípios reitores*. Curitiba: Juruá, 2008. p. 171.

que uma parte possa exercer os direitos que legalmente lhe foram atribuídos.

Outrossim, importante mencionar que tanto para a Defensoria Pública como para o Ministério, o órgão de execução atuante no primeiro grau de jurisdição possui, sim, legitimidade para impetração do Mandado de Segurança.

Tal exposição, embora aparentemente destoada do presente contexto, se faz imprescindível, na medida em que se têm verificado decisões em sentido contrário sem qualquer respaldo legal.

Como já visto, o MS é uma garantia constitucional assegurada no art. 5º, inc. LXIX, intimamente ligado à garantia da acessibilidade à justiça (art. 5º, inc. XXXV), que não comporta restrições ou limitações de modo a frustrá-la.

Para tanto, inegável que a tais órgãos de execução (DP[161] e MP[162]) se assegura o uso de todos os meios e recursos inerentes ao direito de ação e da própria solução de direitos. Tal situação, calcada em lei, não está conferindo "legitimidade" ao promotor de justiça ou defensor público, nem usurpando a atribuição dos seus órgãos de execução que atuem nos tribunais. A legitimidade ativa para impetração do Mandado de Segurança contra ato judicial não é de nenhum deles (promotor de justiça, nem do procurador de justiça — defensor público ou defensor público geral), mas daquele representado pelo órgão de execução que possua atribuição legal para tanto.

Consequentemente, não há falar-se em ilegitimidade e consequente extinção do feito, mas sim na capacidade postulatória. Portanto, deve-se observar no caso concreto se o órgão de execução que impetrou o MS tem essa atribuição e consequente capacidade postulatória. *Simpliciter!* Desta forma, não se pode indeferir a inicial e extinguir o processo, sob pena de negar vigência à legislação federal e estadual e, principalmente, a garantia constitucional da acessibilidade à justiça. Não cabe ao Judiciário limitar a atribuição funcional de nenhum órgão de execução, mas inferir os meandros em que ela pode se dinamizar para se atestar a ocorrência, ou não, de uma possível usurpação, mormente por se tratar de órgãos dotados dos princípios da unidade e indivisibilidade.

---

(161) LC n. 80/94 — art. 4º, IX. "impetrar *habeas corpus*, mandado de injunção, *habeas data* e mandado de segurança ou qualquer outra ação em defesa das funções institucionais e prerrogativas de seus órgãos de execução".
(162) Lei n. 8.625/93 — art. 32, I. "impetrar *habeas corpus* e mandado de segurança e requerer correição parcial, inclusive perante os Tribunais locais competentes".

Neste sentido é o que deixou assente o STJ, *litteris:*

> O Ministério Público é uno e indivisível. A pluralidade de órgãos não afeta a característica orgânica da instituição. Ao membro do Ministério Público, como ao juiz, é vedado atuar fora dos limites de sua designação. Há, por isso, órgãos que atuam em 1ª instância e outros em 2ª instância. O Promotor não atropela o Procurador. O órgão que atua em 1ª instância pode solicitar prestação jurisdicional em 2º grau. Exemplificativamente, a interposição de apelação, no juízo que atua. O Recurso Especial, porém, no mesmo processo será manifestado pelo órgão que oficia junto ao Tribunal. Distingue-se, pois, postular ao Tribunal do postular no Tribunal. O Promotor tem legitimidade para impetrar mandado de segurança, descrevendo, na causa de pedir, ilegalidade ou abuso de poder do Juiz de Direito. (Recurso em Mandado de Segurança n. 5.753-4-SP, 6ª Turma, Relator Ministro Luiz Vicente Cernicchiaro, v. u., 25.9.1995, DJU 6.5.1996, p. 14.477)

Afinal, postular ao tribunal é diferente de postular no tribunal, de maneira que a atuação dever ser focada na atribuição, jamais pelo local de atuação. É o que se infere dos seguintes julgados sob as perspectivas da DP e MP:

> Promotor de Justiça. Legitimidade para impetrar mandado de segurança perante a segunda instância. Representante da sociedade, da comarca em que exerce suas funções, o promotor de justiça é parte legítima para impetrar, perante o segundo grau de jurisdição, mandado de segurança contra ato de magistrado de primeira instância que viola o direito ao determinar o cancelamento de protesto promovido de acordo com a lei. (Mandado de Segurança n. 585.015.092, Quarta Câmara Cível, Tribunal de Justiça do RS, Relator: Oswaldo Proença, Julgado em 23.4.1986)

> DEFENSOR PÚBLICO. OBTENÇÃO DE DOCUMENTOS RELATIVOS A APENADOS. CONSTITUIÇÃO, ART. 134. APLICAÇÃO. I — Se a Constituição outorga ao defensor público poderes para defender os necessitados, implicitamente lhe atribui todos os meios legítimos para tornar efetiva a sua atuação, inclusive legitimidade para propor ações, visando a obtenção de documentos com aquele objetivo. II — Preliminares de ilegitimidade e de falta de capacidade postulatória do recorrente afastadas. III — recurso parcialmente provido. (RMS n. 1.054/RJ, Rel. Ministro Antônio de Pádua Ribeiro, Segunda Turma, Julgado em 7.10.1992, DJ 3.11.1992, p. 19735)

E de forma conclusiva, frise-se que, nas hipóteses de violação a prerrogativas violadas pela própria instituição em desfavor do seu órgão de execução, a exemplo da Defensoria Pública, tem-se que este poderá fazer uso do MS sem se valer da postulação judicial do cargo para si[163][164], mas por meio de Advogado[165] ou Associação de classe[166].

---

(163) O STF, por meio de decisão unânime, através da Ação Indireta de Inconstitucionalidade n. 3.043-4, foi no sentido de que é vedado ao defensor público o exercício da advocacia, vaticinando o parágrafo único do art. 134 da Constituição Federal.
(164) RMS n. 19.311/PB, Rel. Ministra Maria Thereza de Assis Moura, Sexta Turma, julgado em 25.8.2009, DJe 5.10.2009.
(165) Caso o defensor público comprove sê-lo vulnerável no sentido econômico a exemplo de um superendividamento, a Defensoria Pública terá, por se tratar do seu mister, de oportunizá-lo atendimento, mas não na condição de integrante da instituição, mas de um cidadão comum em busca dos seus direitos, pena de se apená-lo pelo simples fato de ocupar o cargo, colocando-o, ainda, em situação de discriminação diante dos necessitados típicos de tal serviço.
(166) STJ — ROMS n. 7.077/AM.

5

Conclusão

O Mandado de Segurança, como se viu, exsurge de forma histórica e atual como uma garantia *residual* de diversos *direitos fundamentais* frente aos desmandos do Estado em desfavor do cidadão. Neste estudo esperamos ter clareado sobre haver outros destinatários de tal instrumento processual, *v. g.* do próprio ente público e seus órgãos que possam ter um direito líquido e certo violentado, inclusive a título de prerrogativa.

Ao estudioso do tema repisamos que sua análise normativa parte do ápice constitucional com decréscimo à legislação de regência e apontamentos normativos esparsos que não devem reduzi-lo, mas sim aprimorá-lo.

Além disso, não se pode olvidar do acompanhamento *pari passu* dos entendimentos jurisprudenciais sob seus aspectos processuais, tanto sob o crivo individual como o coletivo, e do cabimento quanto ao direito eleito, por não comportar tal viés processual produção de provas.

O presente trabalho, para tanto, trouxe de forma objetiva e clara o estudo de forma atualizada dos seus aspectos processuais, enfatizando a análise da competência, que exige saber quem é a autoridade responsável e com poder de correção do ato hostilizado; a diferenciada coisa julgada e suas consequências; o uso de medidas de apoio e aspectos da liminar para se obter efetividade e celeridade; além do foco nos meios de controles recursais, inclusive o instituto da Suspensão da Segurança.

Contudo, por não termos a pretensão de esgotar o estudo e haver inúmeros assuntos de dúvidas práticas não abordadas por grande parte dos manuais tradicionais, criamos um tópico de abordagem de temas específicos, preocupados com os operadores do direito.

Esperamos, pois, que o presente possa ser de utilidade prática e pedagógica sobre esse importante instrumento processual, até porque é importante que todos não só utilizem, mas saibam fazê-lo corretamente.

Referências Bibliográficas

AMARAL, Paulo Osternack. O novo perfil do mandado de segurança coletivo. *Informativo Justen, Pereira, Oliveira e Talamini,* Curitiba n. 30, agosto 2009. Disponível em: <http://www.justen.com.br/informativo.php?informativo=30&artigo=50> Acesso em: 22.5.2012.

ARAÚJO, Edemir Neto. *Mandado de segurança e autoridade coatora.* São Paulo: LTr, 2000.

BASTOS, Celso Ribeiro. *Curso de direito constitucional.* 17. ed. ampl. e atual. São Paulo: Saraiva, 1996.

BONAVIDES, Paulo. *Curso de direito constitucional.* 10. ed. rev. atual. e ampl. São Paulo: Malheiros, 2000.

BUENO, Cássio Sacarpinella. *A nova lei do mandado de segurança.* São Paulo: Saraiva, 2011.

CANOTILHO, José Joaquim Gomes. *Direito constitucional.* 5. ed. Coimbra: Almedina, 1991.

_____. O direito constitucional passa; o direito administrativo passa também. *Boletim da Faculdade de Direito:* estudos em homenagem ao prof. doutor Rogério Soares. *Stvdia Ivridica* 61 ad honorem — 1.

CERQUEIRA, Marcelo Malheiros. *Curso de processo coletivo*. São Paulo: Atlas, 2010.

CRETELLA JÚNIOR, José. *Do mandado de segurança coletivo*. 2. ed. Rio de Janeiro: Forense, 1991.

DANTAS, Rosalliny Pinheiro. O mandado de segurança coletivo. *Âmbito Jurídico*, Rio Grande, XV, n. 101, jun. 2012. Disponível em: <http://www.ambito-juridico.com.br/site/index.php?n_link=revista_artigos_leitura&artigo_id=11773&revista_caderno=21> Acesso em: 9.2012.

DIREITO, Carlos Alberto Menezes. *Manual do mandado de segurança*. 3. ed. São Paulo: Renovar, 2003.

DONIZETTI, Elpídio. *Curso de processo coletivo*. São Paulo: Atlas. 2010.

FERRAZ, Sérgio. Mandado de segurança e acesso à justiça. *In:* QUEIROZ, Rafael Augusto Sofiati de (coord.). *Acesso à justiça*. Rio de Janeiro: Lumen Juris, 2002.

FIGUEIREDO, Lúcia Valle. *Mandado de segurança*. São Paulo: Malheiros, 1996.

FERREIRA, Luís Pinto. *Curso de direito constitucional*. 3. ed. ampl. e atual. São Paulo: Saraiva, 1974. v. I.

LOURENÇO, Haroldo. *Manual de direito processual civil*. Rio de Janeiro: Forense, 2013.

MARINONI, Luiz Guilherme. *Código de processo civil comentado*. São Paulo: RT, 2011.

MEIRELLES, Hely Lopes. *Mandado de segurança*. 28. ed. São Paulo: Malheiros, 2008.

MELLO, Celso Antonio Bandeira. *Curso de direito administrativo*. 12. ed. São Paulo: Malheiros, 2008.

MORAES, Alexandre de. *Direito constitucional administrativo*. São Paulo: Atlas, 2002.

MOREIRA Neto, Diogo de Figueiredo. *Curso de direito administrativo*. Rio de Janeiro: Forense, 1995.

OLIVEIRA, Erival da Silva. *Prática constitucional*. 4. ed. rev. e atual. São Paulo: Revista dos Tribunais, 2011 (Coleção prática forense; v. 1).

REDONDO, Bruno Garcia. *Mandado de segurança comentários à Lei n. 12.016/2009*. Rio de Janeiro: Forense, 2009.

SARLET, Ingo Wolfgang; MARINONI, Luiz Guilherme; MITIDIERO, Daniel. *Curso de direito constitucional*. São Paulo: Revista dos Tribunais, 2012.

SANTOS, Ernane Fidélis. *Novíssimos perfis do processo civil brasileiro*. Belo Horizonte: Del Rey, 1999.

SILVA, José Afonso da. *Curso de direito constitucional positivo*. 18. ed. rev. e atual. São Paulo: Malheiros, 2000.

THEODORO JUNIOR, Humberto. *O mandado de segurança segundo a Lei n. 12.016/2009*. Rio de Janeiro: Forense, 2009.

Anexos

7.1. Súmulas sobre o Mandado de Segurança

7.1.1. Supremo Tribunal Federal

SÚMULA N. 101 — O MANDADO DE SEGURANÇA NÃO SUBSTITUI A AÇÃO POPULAR.

SÚMULA N. 248 — É COMPETENTE, ORIGINARIAMENTE, O SUPREMO TRIBUNAL FEDERAL PARA MANDADO DE SEGURANÇA CONTRA ATO DO TRIBUNAL DE CONTAS DA UNIÃO.

SÚMULA N. 266 — NÃO CABE MANDADO DE SEGURANÇA CONTRA LEI EM TESE.

SÚMULA N. 267 — NÃO CABE MANDADO DE SEGURANÇA CONTRA ATO JUDICIAL PASSÍVEL DE RECURSO OU CORREIÇÃO.

SÚMULA N. 268 — NÃO CABE MANDADO DE SEGURANÇA CONTRA DECISÃO JUDICIAL COM TRÂNSITO EM JULGADO.

SÚMULA N. 269 — O MANDADO DE SEGURANÇA NÃO É SUBSTITUÍVEL DE AÇÃO DE COBRANÇA.

SÚMULA N. 270 — NÃO CABE MANDADO DE SEGURANÇA PARA IMPUGNAR ENQUADRAMENTO DA LEI N. 3.780/60, QUE ENVOLVA EXAME DE PROVA OU DE SITUAÇÃO FUNCIONAL COMPLEXA.

SÚMULA N. 271 — CONCESSÃO DE MANDADO DE SEGURANÇA NÃO PRODUZ EFEITOS PATRIMONIAIS EM RELAÇÃO A PERÍODO PRETÉRITO, OS QUAIS DEVEM SER RECLAMADOS ADIMINISTRATIVAMENTE OU PELA VIA JUDICIAL PRÓPRIA.

SÚMULA N. 272 — NÃO SE ADMITE COMO ORDINÁRIO RECURSO EXTRAORDINÁRIO DE DECISÃO DENEGATÓRIA DE MANDADO DE SEGURANÇA.

SÚMULA N. 294 — SÃO INADMISSÍVEIS EMBARGOS INFRINGENTES CONTRA DECISÃO DO SUPREMO TRIBUNAL FEDERAL EM MANDADO DE SEGURANÇA.

SÚMULA N. 299 — O RECURSO ORDINÁRIO E O EXTRAORDINÁRIO INTERPOSTOS NO MESMO PROCESSO DE MANDADO DE SEGURANÇA OU DE *HABEAS CORPUS* SERÃO JULGADOS CONJUNTAMENTE PELO TRIBUNAL PLENO.

SÚMULA N. 304 — DECISÃO DENEGATÓRIA DE MANDADO DE SEGURANÇA, NÃO FAZENDO COISA JULGADA CONTRA O IMPETRANTE, NÃO IMPEDE O USO DA AÇÃO PRÓPRIA.

SÚMULA N. 319 — O PRAZO DO RECURSO ORDINÁRIO PARA O SUPREMO TRIBUNAL FEDERAL, EM *HABEAS CORPUS* OU MANDADO DE SEGURANÇA, É DE CINCO DIAS.

SÚMULA N. 330 — O SUPREMO TRIBUNAL FEDERAL NÃO É COMPETENTE PARA CONHECER DE MANDADO DE SEGURANÇA CONTRA ATOS DOS TRIBUNAIS DE JUSTIÇA DOS ESTADOS.

SÚMULA N. 405 — DENEGADO O MANDADO DE SEGURANÇA PELA SENTENÇA, OU NO JULGAMENTO DO AGRAVO, DELA INTERPOSTO, FICA SEM EFEITO A LIMINAR CONCEDIDA, RETROAGINDO OS EFEITOS DA DECISÃO CONTRÁRIA.

SÚMULA N. 429 — A EXISTÊNCIA DE RECURSO ADMINISTRATIVO COM EFEITO SUSPENSIVO NÃO IMPEDE O USO DO MANDADO DE SEGURANÇA CONTRA OMISSÃO DA AUTORIDADE.

SÚMULA N. 433 — É COMPETENTE O TRIBUNAL REGIONAL DO TRABALHO PARA JULGAR MANDADO DE SEGURANÇA CONTRA ATO DE SEU PRESIDENTE EM EXECUÇÃO DE SENTENÇA TRABALHISTA.

SÚMULA N. 474 — NÃO HÁ DIREITO LÍQUIDO E CERTO, AMPARADO PELO MANDADO DE SEGURANÇA, QUANDO SE ESCUDA EM LEI CUJOS EFEITOS FORAM ANULADOS POR OUTRA, DECLARADA CONSTITUCIONAL PELO SUPREMO TRIBUNAL FEDERAL.

SÚMULA N. 506 — O AGRAVO A QUE SE REFERE O ART. 4º DA LEI N. 4.348, DE 26.6.1964, CABE, SOMENTE, DO DESPACHO DO PRESIDENTE DO SUPREMO TRIBUNAL FEDERAL QUE DEFERE A SUSPENSÃO DA LIMINAR, EM MANDADO DE SEGURANÇA, NÃO DO QUE A DENEGA.

SÚMULA N. 510 — PRATICADO O ATO POR AUTORIDADE, NO EXERCÍCIO DE COMPETÊNCIA DELEGADA, CONTRA ELA CABE O MANDADO DE SEGURANÇA OU A MEDIDA JUDICIAL.

SÚMULA N. 511 — COMPETE À JUSTIÇA FEDERAL, EM AMBAS AS INSTÂNCIAS, PROCESSAR E JULGAR AS CAUSAS ENTRE AUTARQUIAS FEDERAIS E ENTIDADES PÚBLICAS LOCAIS, INCLUSIVE MANDADOS DE SEGURANÇA, RESSALVADA A AÇÃO FISCAL, NOS TERMOS DA CONSTITUIÇÃO FEDERAL DE 1967, ART. 119, § 3º.

SÚMULA N. 512 — NÃO CABE CONDENAÇÃO EM HONORÁRIOS DE ADVOGADO NA AÇÃO DE MANDADO DE SEGURANÇA.

SÚMULA N. 597 — NÃO CABEM EMBARGOS INFRINGENTES DE ACÓRDÃO QUE, EM MANDADO DE SEGURANÇA, DECIDIU, POR MAIORIA DE VOTOS, A APELAÇÃO.

SÚMULA N. 625 — CONTROVÉRSIA SOBRE MATÉRIA DE DIREITO NÃO IMPEDE CONCESSÃO DE MANDADO DE SEGURANÇA.

SÚMULA N. 629 — A IMPETRAÇÃO DE MANDADO DE SEGURANÇA COLETIVO POR ENTIDADE DE CLASSE EM FAVOR DOS ASSOCIADOS INDEPENDE DE AUTORIZAÇÃO DESTES.

SÚMULA N. 630 — A ENTIDADE DE CLASSE TEM LEGITIMAÇÃO PARA O MANDADO DE SEGURANÇA AINDA QUANDO A PRETENSÃO VEICULADA INTERESSE APENAS A UMA PARTE DA RESPECTIVA CATEGORIA.

SÚMULA N. 631 — EXTINGUE-SE O PROCESSO DE MANDADO DE SEGURANÇA SE O IMPETRANTE NÃO PROMOVE, NO PRAZO ASSINADO, A CITAÇÃO DO LITISCONSÓRCIO PASSIVO NECESSÁRIO.

7.1.2. Superior Tribunal de Justiça

SÚMULA N. 41 — O SUPERIOR TRIBUNAL DE JUSTIÇA NÃO TEM COMPETÊNCIA PARA PROCESSAR E JULGAR, ORIGINARIAMENTE, MANDADO DE SEGURANÇA CONTRA ATO DE OUTROS TRIBUNAIS OU DOS RESPECTIVOS ÓRGÃOS.

SÚMULA N. 105 — NA AÇÃO DE MANDADO DE SEGURANÇA NÃO SE ADMITE CONDENAÇÃO EM HONORÁRIOS ADVOCATÍCIOS.

SÚMULA N. 169 — SÃO INADMISSÍVEIS EMBARGOS INFRINGENTES NO PROCESSO DE MANDADO DE SEGURANÇA.

SÚMULA N. 177 – O SUPERIOR TRIBUNAL DE JUSTIÇA É INCOMPETENTE PARA PROCESSAR E JULGAR, ORIGINARIAMENTE, MANDADO DE SEGURANÇA CONTRA ATO DE ÓRGÃO COLEGIADO PRESIDIDO POR MINISTRO DE ESTADO.

SÚMULA N. 202 – A IMPETRAÇÃO DE SEGURANÇA POR TERCEIRO, CONTRA ATO JUDICIAL, NÃO SE CONDICIONA À INTERPOSIÇÃO DE RECURSO.

SÚMULA 213 – O MANDADO DE SEGURANÇA CONSTITUI AÇÃO ADEQUADA PARA A DECLARAÇÃO DO DIREITO À COMPENSAÇÃO TRIBUTÁRIA.

SÚMULA N. 217 – NÃO CABE AGRAVO DE DECISÃO QUE INDEFERE O PEDIDO DE SUSPENSÃO DA EXECUÇÃO DA LIMINAR, OU DA SENTENÇA EM MANDADO DE SEGURANÇA.

SÚMULA N. 376 – COMPETE A TURMA RECURSAL PROCESSAR E JULGAR O MANDADO DE SEGURANÇA CONTRA ATO DE JUIZADO ESPECIAL.

7.1.3. Recursos repetitivos do Superior Tribunal de Justiça

TEMA 118 – É NECESSÁRIA A EFETIVA COMPROVAÇÃO DO RECOLHIMENTO FEITO A MAIOR OU INDEVIDAMENTE PARA FINS DE DECLARAÇÃO DO DIREITO À COMPENSAÇÃO TRIBUTÁRIA EM SEDE DE MANDADO DE SEGURANÇA (REsp 1111164).

TEMA 136 – É CABÍVEL A INTERPOSIÇÃO DE AGRAVO DE INSTRUMENTO CONTRA DECISÃO DE MAGISTRADO DE PRIMEIRA INSTÂNCIA QUE INDEFERE OU CONCEDE LIMINAR EM MANDADO DE SEGURANÇA (REsp 1101740).

TEMA 258 – É INCABÍVEL O MANDADO DE SEGURANÇA PARA CONVALIDAR A COMPENSAÇÃO TRIBUTÁRIA REALIZADA PELO CONTRIBUINTE (REsp 1124537).

TEMA 271 – OS EFEITOS DA SUSPENSÃO DA EXIGIBILIDADE PELA REALIZAÇÃO DO DEPÓSITO INTEGRAL DO CRÉDITO EXEQUENDO, QUER NO BOJO DE AÇÃO ANULATÓRIA, QUER NO DE AÇÃO DECLARATÓRIA DE INEXISTÊNCIA DE RELAÇÃO JURÍDICO-TRIBUTÁRIA, OU MESMO NO DE MANDADO DE SEGURANÇA, DESDE QUE AJUIZADOS ANTERIORMENTE À EXECUÇÃO FISCAL, TÊM O CONDÃO DE IMPEDIR A LAVRATURA DO AUTO DE INFRAÇÃO, ASSIM COMO DE COIBIR O ATO DE INSCRIÇÃO EM DÍVIDA ATIVA E O AJUIZAMENTO DA EXECUÇÃO FISCAL, A QUAL, ACASO PROPOSTA, DEVERÁ SER EXTINTA (REsp 1140956).

TEMA 430 – NO PERTINENTE A IMPETRAÇÃO DE AÇÃO MANDAMENTAL CONTRA LEI EM TESE, A JURISPRUDÊNCIA DESTA CORTE SUPERIOR, EMBORA RECONHEÇA A POSSIBILIDADE DE MANDADO DE SEGURANÇA

INVOCAR A INCONSTITUCIONALIDADE DA NORMA COMO FUNDAMENTO PARA O PEDIDO, NÃO ADMITE QUE A DECLARAÇÃO DE INCONSTITUCIONALIDADE CONSTITUA, ELA PRÓPRIA, PEDIDO AUTÔNOMO (REsp 1119872).

TEMA 497 — LEGITIMIDADE DO REPRESENTANTE DA CAIXA SEGURADORA FIGURAR NO POLO PASSIVO DE MANDADO DE SEGURANÇA EM QUE SE DISCUTE O INDEFERIMENTO DA COBERTURA SECURITÁRIA NOS CONTRATOS VINCULADOS AO SISTEMA FINANCEIRO DA HABITAÇÃO (REsp 1133869).

TEMA 498 — TERMO INICIAL DO PRAZO DECADENCIAL PARA IMPETRAÇÃO DE MANDADO DE SEGURANÇA EM QUE SE DISCUTE O INDEFERIMENTO DA COBERTURA SECURITÁRIA NOS CONTRATOS VINCULADOS AO SISTEMA FINANCEIRO DA HABITAÇÃO (REsp 1133869).

TEMA 579 — SERVIDOR PÚBLICO. EXECUÇÃO EM MANDADO DE SEGURANÇA. PAGAMENTO DE PARCELAS VENCIDAS ENTRE A IMPETRAÇÃO E O TRÂNSITO EM JULGADO (REsp 1305472).

7.2. Modelo de peças

7.2.1. Modelo de Mandado de Segurança Individual

EXMO(A). SR(A). DR(A). JUIZ(A) DE DIREITO DA ____ª VARA DA FAZENDA PÚBLICA ESTADUAL DO FORO DE BELO HORIZONTE — MINAS GERAIS

PEDIDO LIMINAR — URGENTE

NOME, nacionalidade, estado civil, profissão ou ocupação, documentação representada pelo RG n. XXXXXXX SSP/XX e do CPF n. XXXXXXXXXX, telefone(s): (XX) XXXX-XXXX, com residência e domicílio à XXXXXXXXX, n. XXXX, Bairro XXXXX, neste município e comarca de XXXXXXXXXX/MG, CEP n. XXXXXXXXX vem, através de seu Advogado — Dr.(a) XXXXXXXXXX, OAB/XX n. XXXX, com endereço profissional físico sito na Rua XXXXXXXXX, n. XXX, Bairro XXXX, neste município e comarca, (*instrumento de procuração anexo*) onde recebe intimações (art. 39, I, do CPC), perante Vossa Excelência, impetrar o presente **Mandado de Segurança c.c. pedido de liminar** contra o ato ilegal praticado pela autoridade coatora — CHEFE DO DETRAN de Minas Gerais — Dr(a) XXXXXXXXXXXXXX, nacionalidade, estado civil e documentação ignorada — *initio litis* (*art. 15 da Lei n. 11.419/06*), com gabinete sito na Avenida XXXXXXXXXXXXXX, n. XX, Bairro XXXX, neste município e comarca, pelos fatos e razões seguintes:

• *Da legitimidade passiva*

Inicialmente cabe destacar que a *autoridade coatora* ora apontada, encontra-se perfeitamente *delimitada* e *identificada* a teor do que dispõe o art. 6º, § 3º da Lei do Mandado de Segurança n. 12.016/09, ou seja, a pessoas que, **EMANOU** alvará de liberação n. xxxxx para o encarregado da guarda de veículos apreendidos do pátio **AUTOPEÇAS SOCORRO,** determinando a liberação do veículo mediante o pagamento/recolhimento da importância de R$ XXXX correspondente às diárias do pátio o ato ora impugnado.

Daí sua legitimidade passiva, senão veja-se:

"Art. 6º A petição inicial, que deverá preencher os requisitos estabelecidos pela Lei processual, será apresentada em 2 (duas) vias com os documentos que instruírem a primeira reproduzidos na segunda e indicará, além da autoridade coatora, a pessoa jurídica que esta integra, à qual se acha vinculada ou da qual se exerce atribuições [...]

§ 3º Considera-se autoridade coatora aquela que tenha praticado o ato impugnado ou da qual emane a ordem para sua prática [...]." (g. n.).

- DA LEGITIMIDADE ATIVA

O REQUERENTE é legítimo proprietário do veículo marca XX, espécie XX/XX, cor XX, ano XXXX, modelo XXXX, placa YOW-9000, chassi n. WFOFDXGBJJIIAE, registrado no Departamento de Trânsito do município de XXXX, Estado de Minas Gerais, conforme cópia do certificado de propriedade em anexo.

- DOS FATOS

Ultrapassada a questão inicial deve ser dito que o Impetrante teve seu veículo apreendido pela Polícia Militar no dia XX/XX/2014 por ter sido constatado, após abordagem de rotina, que o condutor do mesmo — XXXX, estava com a Carteira Nacional de Habilitação-CNH vencida, assim como o licenciamento do veículo, além deste estar com os pneus *"carecas"* não oferecendo condições mínimas de segurança.

Após regularizar a situação do veículo, o Impetrante procurou a Delegacia de Polícia de XXXX/MG onde o Delegado Regional de Polícia — **Dr. XXXXX** autorizou a liberação do mesmo mediante a expedição do Alvará de Liberação n. XXXXX, condicionado, no entanto, por determinação da referida autoridade coatora, ao pagamento das despesas com a guarda de veículos junto ao pátio **AUTOPEÇAS SOCORRO** no valor de R$ 3.085,00 referente ao período de XX/XX/XXXX até a data de expedição do referido alvará.

Cabe ressaltar que não há limites para o tempo de permanência do veículo no depósito, em razão de regular apreensão, podendo o Estado cobrar, apenas, as taxas de estada até os primeiros trinta dias (art. 262 do CTB), sob pena de confisco.

Em sendo ilegal a cobrança das diárias de permanência em depósito do veículo apreendido excedentes aos primeiros 30 (trinta) dias, deve ser concedida a segurança impetrada.

A propósito:

Art. 262, CTB. O veículo apreendido em decorrência de penalidade aplicada será recolhido ao depósito e nele permanecerá sob custódia e responsabilidade do órgão ou entidade apreendedora, com ônus para o seu proprietário, pelo prazo de até trinta dias, conforme critério a ser estabelecido pelo CONTRAN.

Neste mesmo sentido é o art. 3º da Resolução n. 53 do CONTRAN (*Conselho Nacional de Trânsito*):

RESOLUÇÃO N. 53, DE 21 DE MAIO DE 1998

Estabelece critérios em caso de apreensão de veículos e recolhimento aos depósitos, conforme art. 262 do Código de Trânsito Brasileiro.

O CONSELHO NACIONAL DE TRÂNSITO — CONTRAN, usando da competência que lhe confere o art. 12, inciso I, da Lei n. 9.503, de 23 de setembro de 1997, que instituiu o Código de Trânsito Brasileiro — CTB, e conforme Decreto n. 2.327, de 23 de setembro de 1997, que trata da coordenação do Sistema Nacional de Trânsito, resolve:

Art. 3º O órgão ou entidade responsável pela apreensão do veículo fixará o prazo de custódia, tendo em vista as circunstâncias da infração e obedecidos os critérios abaixo:

I — de 1 (um) a 10 (dez) dias, para penalidade aplicada em razão de infração para a qual não seja prevista multa agravada;

II — de 11 (onze) a 20 (vinte) dias, para penalidade aplicada em razão de infração para a qual seja prevista multa agravada com fator multiplicador de três vezes;

III — de 21 (vinte e um) a 30 (trinta) dias, para penalidade aplicada em razão de infração para a qual seja prevista multa agravada com fator multiplicador de cinco vezes.

Imperioso frisar que a depositária do veículo se negou a permitir a retirada do veículo sob a alegação de que o Impetrante terá de pagar o valor expresso no Alvará de Liberação clausulado expedido, assim, como a responsabilidade pela apreensão era do DETRAN e como o Delegado Regional por determinação da autoridade coatora determinou a importância a ser paga a encarregada da guarda do veículo apreendido não poderia liberá-lo, sem o pagamento integral do débito, sob pena de responsabilidade penal e civil.

• *Do pedido liminar*

A Lei do Mandado de Segurança, em seu art. 7º, III (n. 12.016/09), prevê a possibilidade de o Juiz suspender o ato ilegal sempre que houver fundamento relevante e a espera pelo provimento final puder colocar em risco a própria eficácia da medida.

Verifica-se nessa análise preliminar que se encontra presente o requisito do *fumus boni juris*, aliás, o fundamento relevante exigido na legislação indicada *supra*, na medida em que o valor cobrado é exorbitante frente à legislação vigente e o valor determinado extrapola a sua possibilidade de regramento, criando regra não prevista no CTB e nem nas Resoluções do CONTRAN.

Mesmo que se queira interpretar tal ato normativo infralegal como adequado e pertinente, ainda assim verificamos que se mostra abusiva a pretensão da autoridade coatora, uma vez que fere direito líquido e certo, passível de ser corrigido através da ordem impetrada.

A *ratio* do segundo requisito, isto é, do *periculum in mora* é clara, sobretudo por estar gerando prejuízos de toda ordem para o Impetrante uma vez que o veículo é utilizado para satisfazer suas necessidades diárias tais como compromissos escolares, familiares, dentre outros.

Além disso, a cobrança abusiva acaba por proporcionar o enriquecimento ilícito da concessionária do serviço público, ou seja, a empresa autorizada a custodiar os veículos objeto de apreensão, o que é vedado em nosso ordenamento jurídico.

Em casos símiles, assim tem decidido com visão unânime o Tribunal de Justiça de Minas Gerais:

MANDADO DE SEGURANÇA — ADMINISTRATIVO. LIBERAÇÃO DE VEÍCULO APREENDIDO — PERMANÊNCIA DO VEÍCULO NO DEPÓSITO — LIBERAÇÃO CONDICIONADA AO PAGAMENTO DE MULTAS JÁ VENCIDAS E DAS DESPESAS COM REMOÇÃO E DEPÓSITO, ESTAS LIMITADAS AOS PRIMEIROS TRINTA DIAS. ART. 262 DO CTB. STJ. RECURSO ESPECIAL REPRESENTATIVO DE CONTROVÉRSIA. ORDEM CONCEDIDA. *Consoante orientação do STJ, no julgamento do REsp n. 1.104.775/RS, submetido ao rito dos recursos repetitivos (art. 543-C do CPC e Resolução STJ n. 8/2008), resultante de precedentes de ambas as Turmas de Direito Público, não há limites para o tempo de permanência do veículo no depósito, em razão de regular apreensão, podendo o Estado cobrar, apenas, as taxas de estada até os primeiros trinta dias (art. 262 do CTB), sob pena de confisco. Em sendo ilegal a cobrança das diárias de permanência em depósito do veículo apreendido excedentes aos primeiros 30 (trinta) dias, deve ser concedida a segurança impetrada.*

E segundo o Superior Tribunal de Justiça, analisando tal situação em sede de Recurso Repetitivo, *litteris*:

"RECURSO ESPECIAL REPRESENTATIVO DE CONTROVÉRSIA. ART. 543-C DO CPC E RESOLUÇÃO STJ N. 8/2008. ADMINISTRATIVO. VEÍCULO. AUSÊNCIA DE REGISTRO E LICENCIAMENTO. ART. 230, V, DO CTB. PENAS DE MULTA E APREENSÃO. MEDIDA ADMINISTRATIVA DE REMOÇÃO. LIBERAÇÃO CONDICIONADA AO PAGAMENTO DE MULTAS JÁ VENCIDAS E DAS DESPESAS COM REMOÇÃO E DEPÓSITO, ESTAS LIMITADAS AOS PRIMEIROS TRINTA DIAS. ART. 262 DO CTB. PRECEDENTES DE

AMBAS AS TURMAS DE DIREITO PÚBLICO. [...] 2. *Pagamento das despesas de depósito somente pelos primeiros trinta dias de apreensão. 2.1. A pena de apreensão, nos termos do art. 262 do CTB, impõe o recolhimento do veículo ao depósito 'pelo prazo de até trinta dias, conforme critério a ser estabelecido pelo CONTRAN'. Assim, por tratar-se de penalidade, não pode ser ultrapassado o prazo a que alude o dispositivo. 2.2. Nada obstante, a retenção do veículo como medida administrativa, que não se confunde com a pena de apreensão, deve ser aplicada até que o proprietário regularize a situação do veículo, o que poderá prolongar-se por mais de 30 dias, pois o art. 271 do CTB não estabelece qualquer limitação temporal. 2.3. Assim, não há limites para o tempo de permanência do veículo no depósito. Todavia, o Estado apenas poderá cobrar as taxas de estada até os primeiros trinta dias, sob pena de confisco. 2.4. O proprietário deve proceder a regularização hábil do veículo, sob pena de ser leiloado após o nonagésimo dia, a teor do que determina o art. 5º da Lei n. 6.575/78. 2.5. Esta Corte assentou entendimento de que as despesas de estada dos veículos em depósito possuem natureza jurídica de taxa, e não de multa sancionatória, pois presentes a compulsoriedade e a prestação de uma atividade estatal específica, consubstanciada na guarda do veículo e no uso do depósito. 2.6. Nesses termos, o prazo de 30 dias previsto no art. 262 do CTB garante ao contribuinte, em atenção ao princípio do não confisco (art. 150, inciso IV, da CF/88), que não poderá ser taxado de modo indefinido e ilimitado, além desse prazo, afastando assim a possibilidade, não remota, de que o valor da taxa ultrapasse o do veículo apreendido. 2.7. Precedentes de ambas as Turmas de Direito Público. 3. Recurso especial provido em parte. Acórdão submetido ao rito do art. 543-C do CPC e da Resolução STJ n. 8/2008."* (REsp n. 1.104.775/RS, Rel. Ministro Castro Meira, Primeira Seção, julgado em 24.6.2009, DJe 1º.7.2009).

Assim, impedir a liberação do veículo sem o pagamento integral do valor determinado pelo Impetrado constitui violação ao direito líquido e certo do Impetrante, direito este amplamente amparado pelo Código de Trânsito Brasileiro e sanável pela presente célere via mandamental por se tratar de ato ilegal com ares de confisco praticado por autoridade pública.

Ex-positis, **REQUER**:

a) A concessão dos Benefícios da Justiça Gratuita, uma vez que não reúne condições de arcar com as custas dos atos processuais, sem prejuízo do sustento próprio, nos termos da Lei n. 1.060/50;

b) A **CONCESSÃO DA ORDEM LIMINAR**, observado o disposto no § 4º do art. 7º da Lei n. 12.016/09, determinando à autoridade coatora que proceda no prazo de 24 (vinte e quatro) horas a/c da intimação pessoal, a efetiva liberação do veículo mediante o pagamento das despesas conforme previsto no art. 262 do CTB, com nova expedição de alvará (pós-pagamento) <u>sob pena de multa diária pessoal a ser arbitrada por V. Exa. e subsunção ao tipo penal da desobediência</u>, intimando-se para assim cumprir com máxima urgência, requisitando-se as informações necessárias, notificando, ainda, o Estado de Minas Gerais, através do seu representante legal, ente público ao qual pertence a autoridade coatora do teor da presente para, querendo, *se o caso*, manifestar *e/ou* integrar a lide como parte, facultando à todos os demandados o oferecimento de informações e a defesa que houver, no prazo legal, sob as penas da lei;

c) E, ao final, seja **CONCEDIDA A SEGURANÇA** para, *em definitivo*, confirmar a ordem liminar e assim a liberação do veículo mediante o pagamento das taxas devidas conforme previsto no art. 262 do CTB, acolhendo-se o pedido e julgando-se **EXTINTO** o processo com resolução de mérito na forma do art. 269, I, do CPC, condenando-se o ente público estadual nos ônus sucumbências, inclusive em honorários advocatícios em razão da responsabilidade objetiva (art. 37, § 6º, da Constituição Federal) e princípio da sucumbência;

d) Protesta prova o alegado por meios de provas admitidos em direito.

e) Dispensa do reexame necessário, por se tratar de tese dominante perante o STJ (art. 475, § 2º, do CPC).

Dá-se à causa o valor de R$ 3.085,93 (*três mil e oitenta e cinco reais e noventa e três centavos*), para efeitos fiscais.

Nestes termos,

Pede deferimento.

Belo Horizonte, xx de xxxxxxx de 2014.

7.2.2. Modelo de Mandado de Segurança Coletivo

EXCELENTISSIMO SENHOR DOUTOR DESEMBARGADOR PRESIDENTE DO EGRÉGIO TRIBUNAL DE JUSTIÇA DO ESTADO DE SÃO PAULO[167]

A **Defensoria Pública do Estado de São Paulo**, pelo Defensor Público que esta subscreve, vem à presença de Vossa Excelência, com fundamento nos arts. 1º, 3º, 5º, LXIX e LXX, "b", e 134 da Constituição Federal, c/c o art. 5º, III, VI, "c", da Lei Complementar Estadual n. 988/06, impetrar **MANDADO DE SEGURANÇA COLETIVO** contra ato ilegal do Excelentíssimo Senhor Doutor Juiz de Direito da 1ª Vara das Execuções Criminais da Comarca XXXX, pelos motivos de fato e de direito a seguir expostos:

Dos fatos

No dia 2 de abril de 2009, a Defensoria Pública do Estado, por meio do Defensor Público Coordenador Regional da Execução Penal de XXXX, solicitou a aplicação

---

[167] Peça de autoria do defensor público do Estado de São Paulo — Mário Lúcio Pereira Machado.

do disposto no art. 71 da Lei n. 10.741/2003 (Estatuto do Idoso), norma jurídica que prevê a prioridade na tramitação de processos e procedimentos e na execução dos atos e diligências judiciais em que figurem como parte pessoa com idade igual ou superior a 60 (sessenta) anos (cópia da inicial, da relação de sentenciados e da r. decisão em anexo).

Ocorre que o R. Juízo da 1ª Vara das Execuções Criminais da Comarca de XXXXX indeferiu o pedido sob o seguinte argumento:

[...]

Inobstante o fundado espírito público e combatividade do nobre defensor, digno dos mais elevados encômios, respeitosamente, entendo que o pedido é redundante e está prejudicado.

Isso porque todos os sentenciados mencionados no pedido estão presos. Nessa condição, já gozam de prioridade de tratamento, na forma da lei.

[...]

Em que pese o brilhantismo e o costumeiro acerto de suas justas e cultas decisões, desta vez, *data maxima venia*, o nobre Magistrado não agiu corretamente. Vejamos.

DA LEGITIMIDADE ATIVA E DO CABIMENTO

A Defensoria Pública é uma instituição essencial à função jurisdicional do Estado, incumbindo-lhe a orientação jurídica e a defesa, em todos os graus, **dos necessitados**, na forma do art. 5º, LXXIV, da Constituição da República (CF, art. 134).

Dentre as atribuições da Defensoria Pública está a de **representar em juízo os necessitados, na tutela de seus interesses** individuais ou **coletivos**, no âmbito civil ou criminal, perante os órgãos jurisdicionais do Estado (Lei Complementar Estadual n. 988/2006, art. 5º, III).

Além disso, incumbe à Defensoria Pública **promover a tutela** individual e **coletiva do idoso** e das minorias submetidas a tratamento discriminatório (LC n. 988/2006, art. 5º, VI, "c").

A par disso, impende salientar que a maioria da população carcerária do Estado se enquadra no conceito legal de necessitado, vez que impossibilitada de custodiar o patrocínio privado sem prejuízo do sustento próprio e de sua família.

Poder-se-ia até dizer que a hipossuficiência econômica, *in casu*, é presumida.

A Defensoria Pública, órgão despersonalizado, dotado de capacidade processual, tem legitimidade *ad causam* para o ajuizamento de mandado de segurança em relação à sua **área de atuação** e em defesa de suas **atribuições institucionais**.

Em se tratando de mandado de segurança **coletivo**, tem-se verdadeira legitimidade **extraordinária**, ocorrendo, em tal caso, **substituição processual**, pois em nome próprio a Defensoria visa com o *writ*, defender direito alheio, qual seja o dos **presos idosos** encarcerados nos estabelecimentos prisionais submetidos à competência da Vara das Execuções Criminais de Bauru.

Nesse passo ensina a doutrina que o mandado de segurança coletivo terá por objeto a defesa dos mesmos direitos que podem ser objeto do mandado de segurança individual[168], *porém direcionado à defesa dos interesses coletivos em sentido amplo, englobando direitos coletivos em sentido estrito, os interesses individuais homogêneos e os interesses difusos*[169], *contra ato ou omissão ilegais ou com abuso de poder de autoridade, desde que presentes os atributos da liquidez e certeza.*

Evidentemente que se trata de interesse coletivo em sentido estrito, pois todos os presos com idade igual ou superior a 60 (sessenta) anos — sujeitos ativos determinados ou determináveis — que se encontram cumprindo pena na região de Bauru — estão conjuntamente sendo substituídos na relação jurídico-processual pela Defensoria Pública — que postula a aplicação da prioridade no tramitar dos feitos em sede da execução penal.

Da pertinência temática

Com efeito, a pertinência temática é o liame que deve existir entre o resultado pretendido com o ajuizamento da ação e o objetivo institucional.

No caso em tela, restou cabalmente comprovado que a Defensoria Pública pretende com a impetração do presente *mandamus,* garantir a plena efetividade e concretude do direito público subjetivo do idoso consubstanciado no art. 71 da Lei n. 10.741/2003.

A par disso, incontestavelmente demonstrada, dentre as atribuições institucionais, a necessidade de promover a tutela dos interesses coletivos do idoso, nos termos do art. 5º, VI, "c", da Lei Complementar Estadual Paulista n. 988/06.

Portanto, o pressuposto da pertinência temática para a impetração do presente mandado de segurança coletivo restou completamente preenchido.

Do direito líquido e certo

Direito líquido e certo é o que resulta de fato certo, ou seja, é aquele capaz de ser comprovado, de plano, por documentação inequívoca[170].

---

(168) PASSOS, Calmon. *Mandado de segurança coletivo, mandado de injunção* e habeas data. Rio de Janeiro: Forense, 1991. p. 8.
(169) Nesse sentido: Celso Agrícola Barbi, ministro Carlos Mário Velloso, José da Silva Pacheco, Lourival Gonçalves de Oliveira, Ada Pellegrini Grinover, Kazuo Watanabe e Calmon de Passos, Diomar Ackel Filho, Paulo Lúcio Nogueira, Francisco Antonio de Oliveira.
(170) RTJ n. 83/130.

In casu, a Defensoria Pública oficiou aos Diretores Técnicos de Departamento dos presídios sujeitos à Corregedoria do R. Juízo Execucional, e requisitou a remessa de uma relação contendo o nome e demais dados qualificativos dos presos que se enquadrariam no conceito legal de idoso.

Assim, juntamente com o presente *mandamus*, segue a cópia da inicial, a relação dos presos idosos fornecida pelos diretores e a r. sentença judicial.

Portanto, há prova pré-constituída do direito alegado passível de veiculação por meio do rito célere e sumaríssimo do mandado de segurança.

Poder-se-ia até invocar que a prova da idade se faz por meio de certidão de nascimento; contudo, importante lembrar que o diretor do presídio é funcionário público e, portanto, dotado de fé pública. Não bastasse, a prova da idade pode ser feita por uma simples conferência do alegado pelo diretor com a guia de recolhimento do processo de execução, trabalho este que pode ser desempenhado facilmente pela zelosa serventia.

Da ilegalidade ou abuso de poder

O cabimento do mandado de segurança dá-se quando perpetrada **ilegalidade** ou abuso de poder por **autoridade pública** ou agente de pessoa jurídica no exercício de atribuições do Poder Público.

Com efeito, a ilegalidade pode derivar de uma conduta comissiva ou omissiva. No presente caso, a autoridade judicial, ao negar aplicação à norma jurídica veiculadora de direito público subjetivo do idoso, certamente incidiu em uma espécie de **ilegalidade por omissão**.

A alegação de que o processo do réu preso já possui prioridade de tramitação, uma vez que há restrição do direito de liberdade, não se coaduna com os objetivos do Estatuto do Idoso.

Isso porque a Lei n. 10.741/2003, a exemplo do Estatuto da Criança e do Adolescente e do Código de Defesa do Consumidor, instituiu um **microssistema de proteção do idoso**, ao qual ficou consignada a doutrina da **prioridade absoluta.**

E por tal prioridade entenda-se aquela que é mais prioritária do que as já prioritárias regras de aplicabilidade, de tal sorte que a prioridade na tramitação do processo do réu idoso preso é um *plus* em face da prioridade no tramitar do feito do réu não idoso preso, que, evidentemente, é um *minus* em relação àquela.

Nesse sentido dispõe o Estatuto do Idoso em seus arts. 2º e 3º, *verbis*:

Art. 2º O idoso goza de todos os direitos fundamentais inerentes à pessoa humana, <u>sem prejuízo da proteção integral de que trata esta lei</u>, assegurando-se-lhe, por Lei ou por outros meios, todas as oportunidades e facilidades para preservação de sua saúde física *e mental e seu aperfeiçoamento moral, intelectual, espiritual e social, em condições de liberdade e dignidade.* (grifo nosso)

Art. 3º <u>É obrigação</u> da família, da comunidade, da sociedade e <u>do Poder Público</u> assegurar ao idoso,<u> com absoluta prioridade</u>, a efetivação do direito à vida, à saúde, à alimentação, à educação, à cultura, ao esporte, ao lazer, ao trabalho, à cidadania, à liberdade, à dignidade, ao respeito e à convivência familiar e comunitária. (sem destaque no original)

Evidentemente que a disposição acima contém um rol **meramente exemplificativo** de formas de prioridade, carregando um conteúdo genérico que, ao longo da legislação, traz formas específicas de tal prioridade, como é o caso do art. 71, que preceitua:

Art. 71. É assegurada prioridade na tramitação dos processos e procedimentos e na execução dos atos e diligências judiciais em que figure como parte ou interveniente pessoa com idade igual ou superior a 60 (sessenta) anos, em qualquer instância.

No dispositivo em comento nota-se claramente a intenção do legislador em dar a maior amplitude possível à aplicação da prioridade de tramitação. Tanto é que se optou por utilizar a expressão **"processos"** sem a companhia das diversas áreas de atuação.

Isso significa que perfeitamente aplicável a **qualquer processo**, inclusive o processo penal e a **execução penal.**

Ademais, referida norma visa ampliar o acesso à justiça, dando maior efetividade à prestação jurisdicional.

Nesse sentido são as precisas lições dos professores Gianpaolo Poggio Smanio, Márcio Fernando Elias Rosa, Marisa Ferreira dos Santos, Ricardo Cunha Chimenti e Vitor Frederico Kumpel:

O Estatuto do Idoso ampliou ainda mais o acesso à justiça na medida em que reduziu para 60 anos a idade para priorização na tramitação dos procedimentos judiciais. Basta que o interessado junte prova de sua idade, por exemplo, cópia de qualquer documento, para que a autoridade judiciária competente determine ao cartório judicial todas as providências a serem cumpridas.

A circunstância especial deve ser anotada em local visível nos autos, em tarja com coloração própria, a fim de permitir que seja cumprido o Estatuto, imprimindo prioridade ao processo. Isso significa que o Juiz deverá, por exemplo, antecipar a audiência designada para o idoso, ainda que a pauta esteja repleta de audiências.[171]

---

(171) Estatuto do Idoso, Lei n. 10.741/2003, *Aspectos civis e administrativos*, p. 184.

Além do princípio da prioridade absoluta e da efetivação do acesso à justiça, poder-se-ia invocar como fundamento constitucional para a aplicação do art. 71 do Estatuto do Idoso o postulado da **igualdade**.

Com todo respeito ao nobre Magistrado, o entendimento de que a prioridade postulada pela Defensoria é redundante, posto que já existente por se tratar de processo de réu preso atende apenas à igualdade **formal.**

Ora a igualdade **material** consiste em tratar desigualmente os desiguais de modo a igualá-los, sendo que o preso idoso não é igual ao não idoso. Nessa esteira, a prioridade do processo do preso idoso deve ser **mais célere** que a do não idoso, sendo, na verdade, uma forma de **discriminação positiva**, perfeitamente aceitável e de acordo com a Constituição da República.

Para corroborar o alegado, trazemos à baila jurisprudência assim ementada:

Processo. Idoso. Prioridade na tramitação. Lei Federal n. 10.173/2001. Constitucionalidade. Princípio da igualdade não violado. Pessoas em idade mais avançada que, normalmente, já se encontram em posição de inferioridade em relação aos mais jovens. Recurso provido (JTJ 245/261).

O sentenciado que conta com idade mais avançada, que por vezes já passou da expectativa média de vida do brasileiro, merece ter seu benefício julgado prioritariamente, a fim de que seja dada uma nova chance de gozar de sua liberdade em sociedade, reintegrando-se e ressocializando-se ao final de sua existência.

Tal conclusão não deixa de ser um desdobramento concreto do princípio da dignidade da pessoa humana.

Logo, forçoso concluir que a autoridade impetrada agiu com ilegalidade pela via omissiva quando da prolatação da sentença aventada.

Do pedido

Em face do exposto, e diante da relevância dos fundamentos da demanda, bem como a já efetiva consumação de prejuízos ao direito dos detentos idosos que cumprem pena atualmente nesta Comarca, REQUER A PROCEDÊNCIA DO PEDIDO, concedendo-se a segurança para o fim de que seja aplicado o disposto no art. 71 da Lei n. 10.741/2003, priorizando-se o tramitar dos processos de execução penal e procedimentos administrativos, tais como sindicâncias para apurar a prática de infração disciplinar, e na execução de atos e diligências judiciais, em que figure como parte os presos que constam da relação em anexo, como medida da mais pura e lídima Justiça!

Requer, ainda, seja a autoridade impetrada notificada para, se o quiser, no prazo legal, prestar as informações que julgar necessárias.

Pugna-se, também, pela ciência ao representante judicial da pessoa jurídica interessada;

Requer, por fim, a intimação do Ilustre Representante do Ministério Público.

Atribui-se à causa o valor estimativo de R$ 1.000,00 (um mil reais).

P. deferimento.

XXXX de xxxxxx de xxxxxx